Eiko Jürgens · Leistung und Beurteilung in der Schule

Eiko Jürgens

Leistung und Beurteilung in der Schule

Eine Einführung
in Leistungs- und Bewertungsfragen
aus pädagogischer Sicht

Academia Verlag ▲ Sankt Augustin

Die Deutsche Bibliothek – CIP-Einheitsaufnahme

Jürgens, Eiko:
Leistung und Beurteilung in der Schule : Eine Einführung in
Leistungs- und Bewertungsfragen aus pädagogischer Sicht /
Eiko Jürgens. – 1. Aufl. – Sankt Augustin : Academia-Verl.,
1992

1. Auflage 1992

© Academia Verlag, Sankt Augustin, 1992
Printed in Germany
Alle Rechte, auch die des Nachdrucks von Auszügen, der photomechanischen
Wiedergabe und der Übersetzung, vorbehalten

Herstellung: Richarz Publikations-Service, Sankt Augustin

# INHALTSVERZEICHNIS					Seite

1.	VORBEMERKUNGEN	7
2.	LEISTUNGSGESELLSCHAFT UND LEISTUNGSPRINZIP - KENNZEICHEN EINER MODERNEN GESELLSCHAFT UND IHRE FUNKTION ZUR HERAUSBILDUNG EINES PÄDAGOGISCHEN LEISTUNGS- BEGRIFFS	8
3.	LEISTUNG IN DER SCHULE - PÄDAGOGISCH BEGRÜNDET -	13
4.	LEITGEDANKEN EINES PÄDAGOGISCHEN LEISTUNGSBGRIFFS	20
4.1	Leistung ist norm- *und* zweckbezogen	21
4.2	Leistung ist anlage- *und* umweltbedingt	23
4.3	Leistung ist produkt- *und* prozeßorientiert	25
4.4	Leistung ist individuelles *und* soziales Lernen	27
4.5	Leistung ist problemmotiviertes *und* vielfältiges Lernen	29
4.6	Zusammenfassung	33
5.	PÄDAGOGISCHE DIAGNOSTIK	35
5.1	Leistungsmessung und -bewertung	38
5.1.1	Begriffliches	38
5.1.2	Funktionen schulischer Leistungsmessung und -bewertung	44
5.1.2.1	Curriculare Kontrolle	45
5.1.2.2	Allokations- und Klassifikationsfunktion (Selektionsfunktion)	46
5.1.2.3	Selbst- versus Fremdkontrolle in der Leistungsbeurteilung	47

5.1.3	Die Zensierung in der Leistungsbewertung	49
5.1.3.1	Funktionen der Notengebung	49
5.1.3.2	Die Notengebung im Spiegel der Forschung - ein Mängelbericht	55
5.2	Verfahren und Formen der Pädagogischen Diagnostik zur Leistungsmessung und -bewertung	61
5.2.1	Schriftliche Klassenarbeiten	62
5.2.2	Mündliche Lernerfolgskontrolle	63
5.2.3	Schulische Tests	74
5.2.3.1	Vorbemerkungen zum Einsatz von Tests	74
5.2.3.2	Klassifikation schulischer Tests	76
5.2.3.3	Informelle Tests	78
5.2.3.3.1	Einige kritische Vorbemerkungen	78
5.2.3.3.2	Hinweise zur Durchführung informeller Tests	80
5.2.3.3.3	Hinweise zur Auswertung informeller Tests	86
5.2.3.3.4	Zusammenfassung	89
5.3	Resumée	90

ANMERKUNGEN 92

LITERATURVERZEICHNIS 97

1. VORBEMERKUNGEN

Das Problem der Leistung in der Schule ist insbesondere im Zusammenhang mit der Debatte um die Bildungsreform Ende der 60er Jahre in der öffentlich-pädagogischen und der erziehungswissenschaftlichen Diskussion in das Zentrum heftiger Kritik und kontroverser Auseinandersetzungen geraten und hat die gegenwärtige Entwicklung des Schulwesens und dessen Erziehungs- und Unterrichtspraxis unterschiedlich maßgeblich beeinflußt und verändert, wie unter anderem die Konzeptionen zur integrierten Gesamtschule[1], die Projekte zur inneren Schulreform und die Bemühungen zur Demokratisierung der Schule (vgl. DEUTSCHER BILDUNGSRAT 1969, 1970; BECHERT 1971; KEIM 1973; KELBER/ SCHREIBER 1973; SCHLÖMERKEMPER 1986, BECK u.a. 1988) nachdrücklich belegen.

Die Frage nach Leistung bzw. nach der Gültigkeit und dem Wirksamwerden des sogenannten Leistungsprinzips in der Schule stellt sich als ein grundlegendes Entscheidungsproblem jedweder pädagogischen Praxis und steht folglich in dem erziehungstheoretischen und schulpädagogischen Diskurs im Mittelpunkt des Meinungsaustausches. Das hat unmittelbar damit zu tun, daß gesellschaftspolitische bzw. gesellschaftswissenschaftliche und schulpolitische bzw. -theoretische Fragen, insbesondere seitdem unüberhörbar und mit Nachdruck auf die Reformbedürftigkeit und -notwendigkeit des Schul- und Bildungswesens hingewiesen wurde (vgl. PICHT 1964; DAHRENDORF 1965; DEUTSCHER AUSSCHUß FÜR DAS ERZIEHUNGS- UND BILDUNGSWESEN 1966; VON HENTIG 1970; ROBINSOHN 1970; DEUTSCHER BILDUNGSRAT 1970),[2] mehr und mehr in einem gemeinsamen Kontext gesehen und behandelt werden. Das Problem der Leistung in der Schule wird verstärkt unter dem Gesichtspunkt des Zusammenhanges von Erziehung und gesamtgesellschaftlicher Entwicklung betrachtet (vgl. KLAFKI 1975).

Die gesellschaftliche Einschätzung von Leistung ist jedoch umstritten, was notwendigerweise zu unterschiedlichen Auffassungen über einen pädagogischen Leistungsbegriff führt. Es wird deshalb zu klären sein, wie unter Beachtung des engen Zusammenhangs des Leistungsproblems in der Schule mit gesellschaftlichen Strukturen und Prozessen Grundsätze für die Konzeption eines pädagogisch legitimierten Leistungsprinzips gewonnen und verantwortet werden können.

Wenn es richtig ist, daß die Frage nach der Bedeutung des Leistungsprinzips in der Erziehung und speziell in der Schule nur vor dem Hintergrund des jeweils konkret-geschichtlichen Verhältnisses von Erziehung - zumal Schule - und Gesellschaft angemessen erforscht und diskutiert werden kann, wie KLAFKI (1976, 74) behauptet, dann ist zunächst herauszuarbeiten, wodurch sich die moderne Gesellschaft auszeichnet.[3]

2. LEISTUNGSGESELLSCHAFT UND LEISTUNGSPRINZIP - KENNZEICHEN EINER MODERNEN GESELLSCHAFT UND IHRE FUNKTION ZUR HERAUSBILDUNG EINES PÄDAGOGISCHEN LEISTUNGSBEGRIFFS

In Übereinstimmung mit HARTFIEL (1977) läßt sich die Gesellschaft in der Bundesrepublik Deutschland als Leistungsgesellschaft bezeichnen, wie dieser anhand der Auswertung einer Reihe mit diesem Thema befaßter Untersuchungen belegt. Jedoch kann derselbe Begriff durchaus zur Kennzeichnung kontroverser Positionen verwendet werden. "Während die Vertreter der einen Position davon ausgehen, daß unsere Leistungsgesellschaft in nicht wünschenswerter Weise bereits überperfektioniert sei, nehmen die Vertreter der anderen Position an, daß in Wirklichkeit der Zustand einer Leistungsgesellschaft noch gar nicht erreicht sei. Den einen dienen Schlagworte wie Leistungsdruck und Leistungsterror, den anderen Leistungsverfall und Leistungsverweigerung zur Illustration ihrer Position" (KROPE 1984, 51).

Die Leistung scheint in der "Leistungs"-Gesellschaft zu einem Prinzip geworden zu sein, nach dem sich grundsätzlich alle gesellschaftlichen Bereiche und Strukturen mehr oder weniger direkt ausrichten bzw. nach dem sich diese organisieren und legitimieren ließen. Zumindest läßt sich sagen, daß das Leistungsprinzip in nahezu alle gesellschaftlichen Prozesse wie auch immer hineinwirkt. "Das Prinzip 'Leistung' scheint, ob lediglich als ideale Norm oder auch in der Realität der sozialen Beziehungen, als regulierendes Prinzip sämtliche Teilkulturen der Industriegesellschaft erfaßt zu haben" (HARTFIEL 1977, 17).

Das Leistungsprinzip als ein Ordnungsprinzip der modernen Gesellschaft basiert auf vier Grundsätzen:

1. Das Leistungsprinzip soll eine Verteilungsfunktion gewährleisten, nach der erbrachte Leitungen mit äquivalenten Gegenleistungen honoriert werden.

2. Indem berufliche und soziale Positionen im Wettbewerb unter optimaler Nutzung der Ressourcen einer Gesellschaft vorgegeben werden, sichert das Leistungsprinzip zugleich Produktivität, Lebensstandard und Fortschritt einer Gesellschaft.

3. Bei Geltung des Leistungsprinzips erhält jeder den Platz in der Gesellschaft, "den er - nach Maßgabe des Prinzips der Äquivalenz von Leistungen und Gegenleistungen - verdient" (HARTFIEL 1977, 18). Über das Leistungsprinzip werden berufliche und soziale Positionen, die Personen in der Gesellschaft einnehmen, ebenso differentiell verteilt wie das damit jeweils verbundene Einkommen, Prestige und Machtvermögen.

4. Das Leistungsprinzip übt eine Allokationsfunktion aus. "Das Leistungsprinzip, das jeden anreizt, im Konkurrenzkampf diejenigen Fähigkeiten optimal zu entwickeln, die seiner 'Persönlichkeit' und seinen 'Begabungen' adäquat sind, bewirkt die rationalste Zuordnung von Positionen und Personen" (HARTFIEL 1977, 19).

Faßt man die mit dem Leistungsprinzip gemeinten Ordnungsfunktionen der Leistungsgesellschaft zusammen, dann kristallisiert sich als ein zentrales Bedeutungsmerkmal heraus, daß die berufliche und soziale Position, die jemand innerhalb dieser Gesellschaft besetzt, allein - so wird unterstellt - von der individuellen Leistung abhängen soll, die dieser für die Gesellschaft erbringt.

KLAFKI (1975) weist darauf hin, daß dieser Auffassung als seiner Meinung nach erstem Bedeutungsmoment zwei Voraussetzungen zugrunde liegen, die das zweite und dritte Bedeutungsmoment des Wortes 'Leistungsgesellschaft' ausmachen.
Die erste Bedingung bezieht sich auf die "leistungsgerechte" Verteilung unterschiedlich bewerteter Berufspositionen. "Wer die Bezeichnung 'Leistungsgesellschaft' als eine angemessene, ja vielleicht als die treffendste Kennzeichnung unserer Gesellschaft ansieht, der unterstellt, daß es von der Mehrzahl der Mitglieder dieser Gesellschaft anerkannte, mindestens aber wohlbegründete und gerechtfertigte sowie im wesentlichen eindeutige Maßstäbe gäbe, an denen in der Wirklichkeit die Leistungen des einzelnen gemessen und dementsprechend dann Einkommen und soziale Positionen zugeteilt werden" (KLAFKI 1975, 83 f.).

Die zweite Bedingung, die als gewichtige Annahme mit dem Wesen einer Leistungsgesellschaft zu verbinden sei, besteht nach KLAFKI darin, "daß in dieser Gesellschaft im wesentlichen soziale Chancengleichheit gelte" (KLAFKI 1975, 84).
Eine Prüfung der Gültigkeit der genannten Bedeutungsmomente des Begriffes 'Leistungsgesellschaft' führt KLAFKI auf der Grundlage der Aussagen von OFFE (1970), die dieser in seinem grundlegenden Werk "Leistungsprinzip und industrielle Arbeit" formuliert und erklärt hat, zu der zusammenfassenden Erkenntnis, daß es problematisch ist, das Leistungsprinzip in der Erziehung bzw. in der Schule dadurch begründen zu wollen, "daß Erziehung den jungen Menschen eben auf eine Bewährung in der sogenannten Leistungsgesellschaft [...] vorbereiten müsse" (KLAFKI 1975, 86).

Das dargelegte und behauptete Verständnis des Begriffes der sogenannten Leistungsgesellschaft wird in den realen gesellschaftlichen Bezügen widerlegt; denn OFFE (1970) zeigt, daß die individuelle 'Leistung' als scheinbar eindeutiger Beurteilungsmaßstab deshalb fragwürdig wird, weil in allen entwickelten Industriegesellschaften durch eine Reihe von Subventionsmaßnahmen dafür Sorge getragen wird, großen Teilen der arbeitenden Bevölkerung eine Art Mindesteinkommen zu sichern, wenn die betreffende Arbeitsleistung im marktwirtschaftlichen Sinne - aus welchen Gründen auch immer - unproduktiv bzw. obsolet geworden ist.

Eine weitere Ursache, derzufolge individuelle Leistung als angeblich eindeutige Meßskala für die Zuweisung von Einkommen und beruflicher Stellung immer fragwürdiger wurde, sieht OFFE (1970) in einem Bedeutungswandel des Leistungsprinzips begründet. "Als 'Leistung' wird dem Arbeitenden nun weniger ein jeweils unterschiedlicher, individuell zumeßbarer Beitrag zur Produktion abgefordert und honoriert als vielmehr ein bestimmtes Wohlverhalten und die praktische Anerkennung des Betriebszwecks: hohe, gut funktionierende Produktion, Wahrung des sogenannten Arbeitsfriedens und Anerkennung und Stützung der Leistungsstruktur eines Betriebes" (KLAFKI 1975, 86).

Im Hinblick auf die der Leistungsgesellschaft zugrundeliegende Prämisse der Gewährleistung einer sozialen Chancengleichheit läßt sich mit Blick auf die Fülle von Untersuchungen, die zu diesem Problembereich durchgeführt wurden, feststellen, daß zwar Chancengleichheit als demokratische Leitvorstellung uneingeschränkt Gültigkeit hat, diese aber noch immer unzureichend verwirklicht worden ist. Die Ungleichheit der Bildungschancen besteht aufgrund unterschiedlicher ökonomischer und sozio-kultureller Lebensbedingungen in der Gesellschaft und daraus resultierenden unterschiedlichen Sozialisationsfaktoren auch gegenwärtig noch, obwohl sicher nicht unterschlagen werden darf, daß in den Bereichen von Bildung und Beruf in den vergangenen Jahren Fortschritte beim Abbau dieser Ungleichheiten erreicht werden konnten. "Wo aber die Rede von Chancengleichheit vorgibt, Realität zu beschreiben, ist sie Ideologie oder erzeugt sie Ideologie, d.h. falsches Bewußtsein, hinter dem sich das Interesse an der Aufrechterhaltung bestehender Ungleichheit und an der Sicherung bestimmter Privilegien verbirgt" (KLAFKI 1975, 87).

Die von KLAFKI (1975) unter Berufung auf OFFE (1970) explizierten Ausführungen zur Gültigkeit des Leistungsprinzips in dieser Gesellschaft und die vorgenommenen Einschränkungen des Begriffs der sogenannten Leistungsgesellschaft finden ihre Unterstützung unter anderem bei HARTFIEL (1977). Dieser sieht den Anspruch des Leistungsprinzips durch konkurrierende Prinzipien relativiert, und zwar durch das Sozial-, das Geburts-, das Alters- und das Ideologieprinzip.

Wie schon von OFFE (1970) dargelegt und begründet, stellt insbesondere die Zumessung von beruflichen Positionen nach Maß gezeigter Loyalität, Pflichtgefühl, Gesinnung etc. als nach dem von HARTFIEL (1977) so bezeichneten Ideologieprinzip eine schwerwiegende Konkurrenz zum Leistungsprinzip dar. Die Verteilung der Leistungschancen und Leistungsergebnisse nach Maßgabe ideologischer Ein- und Unterordnung unter herrschende 'Wahrheiten', prinzipielle Glaubensurteile und normative Standards (vgl. HARTFIEL 1977, 23) wirkt der Ordnungsfunktion des Leistungsprinzips entgegen, nach der Berufs- und Sozialchancen ausschließlich auf der Grundlage erbrachter individueller Leistungen vergeben werden sollen, so weit man nicht Anpassung, Wohlverhalten und Wahrung bestehender Hierarchien und Machtverhältnisse als "Leistungen" im Sinne des Leistungsprinzips definiert.

Die Problematisierung der Beschreibung der modernen Gesellschaft als eine sogenannte Leistungsgesellschaft unter Zuhilfenahme des Begriffs 'Leistungsprinzip' führt zu dem Ergebnis, daß das Leistungsprinzip zwar als normative Aussage und Ordnungsprinzip gesellschaftlicher Bereiche - wenn auch nicht uneingeschränkt und in Abhängigkeit von zahlreichen Voraussetzungen - anerkannt ist und Gültigkeit beansprucht, aber eine bruchlose Übertragung des gesellschaftlichen Leistungsprinzips auf Erziehung und Schule nicht tauglich und somit nicht verantwortbar ist. Diese Behauptung ist nicht nur mit den unzulänglichen Voraussetzungen zur gesellschaftlichen Realisierung des unterstellten Leistungsprinzips, wie im Vorangegangenen beispielhaft am konkurrierenden Ideologieprinzip und der Ungleichheit von Sozial- und Bildungschancen skizziert wurde, zu begründen, sondern vielleicht noch in einem stärkeren Maße mit der Berufung auf legitimierbare Ziele der Schule in der heutigen, sich als demokratisch verstehenden, Gesellschaft zu belegen.

Auf jeden Fall im höchsten Maße problematisch muß es erscheinen, wenn man das Leistungsprinzip in Erziehung und Schule damit erklärt bzw. rechtfertigt, junge Menschen auf eine Bewährung in der Leistungsgesellschaft vorbereiten zu wollen, obwohl Chancenungleichheit weiterhin besteht und die Verteilung beruflicher Positionen in verschiedenen gesellschaftlichen Arbeitsbereichen immer weniger von der individuellen Leistung als scheinbar eindeutiger Beurteilungsmaßstab abhängt, wodurch die gesellschaftliche Einschätzung von Leistung problematisch wird (vgl. OFFE 1970). Vor dem Hintergrund demokratischer Zielsetzungen muß eine solche Argumentation geradezu fragwürdig sein, wenn sie nicht sogar ideologisch wirkt und folglich für eine demokratische Schule allenfalls ideelle Bedeutung beanspruchen kann. Dies kann aber auch bedeuten, daß ein pädagogisch verantwortbares Leistungsprinzip in Teilen oder in Grundzügen dem gültigen Verständnis von Leistung in der Gesellschaft widerspricht bzw. geradezu widersprechen muß.

3. LEISTUNG IN DER SCHULE - PÄDAGOGISCH BEGRÜNDET

Da das herrschende Verständnis von der Leistungsgesellschaft und das ihr vermeintlich zugrundeliegende Leistungsprinzip bei der Bestimmung eines pädagogischen Leistungsbegriffs - wenn überhaupt - lediglich eine untergeordnete Rolle spielen kann, dann stellt sich die Frage, woran denn eine Orientierung erfolgen soll, sofern es ein erziehungswissenschaftlich ausgewiesenes Verständnis des Leistungsprinzips gibt. Aus der Forderung nach einer demokratischen Schule in einer demokratischen Gesellschaft ist konsequenterweise zu folgern, daß ein pädagogisch besetzter Leistungsbegriff letztlich nur aus den Leitzielen einer Erziehung und eines Schulwesens in einer Demokratie hervorgehen kann.
Im Rahmen dieser Ausführungen kann eine Problematisierung dieses Ansatzes nur in den Grundlinien und folglich sehr umrißhaft und stark formelhaft stattfinden, weil eine vertiefende Auseinandersetzung sowohl eine historisch-gesellschaftliche und schultheoretische Untersuchung der Herleitung allgemeingültiger Zielsetzungen für Erziehung und Schule voraussetzen würde als auch eine kritische Analyse vonnöten wäre, anhand derer die im gegenwärtigen Schulwesen tatsächlich realisierten Zielkonzeptionen überprüft werden könnten.

Ausgehend vom Grundgesetz und den Länderverfassungen sowie von den Schulgesetzen und den in zahlreichen erziehungstheoretischen Schriften und Programmen dargestellten und erklärten Zielbestimmungen für das Schul- und Bildungswesen lassen sich übergeordnete Begriffe finden, die mit der Idee einer demokratischen Schule in Verbindung gebracht werden.[4]

Als umfassendes Ziel der Bildung wird im Strukturplan für das Bildungswesen (1970) "die Fähigkeit des einzelnen zu individuellem und gesellschaftlichem Leben, verstanden als seine Fähigkeit, die Freiheit und die Freiheiten zu verwirklichen, die ihm die Verfassung gewährt und auferlegt", hervorgehoben (DEUTSCHER BILDUNGSRAT 1970, 29). Und an anderer Stelle heißt es weiter: "Das Lernen soll den ganzen Menschen fördern. Dazu gehört, daß jeder das Lernen lernt. Das soziale System des Lernens soll in allen Bildungseinrichtungen dazu führen, daß die für das Zusammenleben erforderlichen Verhaltensweisen erwartet werden" (DEUTSCHER BILDUNGSRAT 1970, 30).

Diesen beiden Zitaten liegt ein Verständnis von schulischem Lernen und schulischer Bildung zugrunde, das sich - unter anderer Begrifflichkeit gefaßt - als eine Erziehung zur Mündigkeit versteht. Die Beschreibung der allgemeinen Lernziele einer demokratischen Schule im Strukturplan (1970) führt genau zur expliziten Hervorhebung dieses für das gesamte Schulwesen gültigen Anspruchs und durchgängigen Prinzips. "Einige der heute als besonders dringlich oder wichtig angesehenen allgemeinen Lernziele sind: selbständiges und kritisches Denken, intellektuelle Beweglichkeit, kulturelle Aufgeschlossenheit, Ausdauer, Leistungsfreude, Sachlichkeit, Kooperationsfähigkeit, soziale Sensibilität, Verantwortungsbewußtsein und Fähigkeit zur Selbstverantwortung. Man sieht in solchen Formulierungen gern Leerformeln, die alles und nichts besagen, ohne zu bedenken, daß in ihnen die grundlegende Aufgabe aller Lernbemühungen zum Ausdruck kommt: Den Lernenden zu mündigem Denken und Verhalten zu befähigen" (DEUTSCHER BILDUNGSRAT 1970, 84).

Die in solchen Zielsetzungen zum Ausdruck gebrachten Vorstellungen sind Leitgedanken eines demokratischen Bildungsverständnisses. Neben dem Begriff 'Mündigkeit' wird im Zusammenhang mit der Diskussion eines demokratischen Bildungswesens ebenso häufig der Begriff 'Emanzipation'[5] verwendet, "der als solcher zwar nur eine Befreiung von etwas bezeichnet, jedoch noch nichts über die inhaltlich-positive Zielsetzung solcher Befreiung aussagt, in dem aber fast immer solche positiven Zielbestimmungen mitgedacht werden: Fähigkeit zur Selbst- und Mitbestimmung, Kritik- und Urteilsfähigkeit, Entwicklung der Fähigkeit des jungen Menschen, gesellschaftliche und individuelle Hindernisse der Verwirklichung von Selbst- und Mitbestimmung, Kritik- und Urteilsfähigkeit für sich selbst und für andere analysieren zu können, Anbahnung individueller und gesellschaftlich-politischer Handlungsfähigkeit, um solche Hindernisse durch Veränderung der Verhältnisse abbauen zu helfen usf." (KLAFKI 1975, 88). Eine sich in diesem Sinn verstehende Bildung als Befähigung zu selbstbestimmtem und demokratischen Handeln ist jedoch gesellschaftlich oft genug nur erreichbar im Verbund mit anderen, womit auf den Wert der Solidarität verwiesen wird.

Es geht also um individuelle Selbstbestimmung und gesellschaftliche Mitbestimmung, sollen Ziele wie Kritikfähigkeit, Entwicklung von Handlungsfähigkeit, freie Selbstbestimmung etc. nicht individualistisch verkürzt werden. Erst die Einheit von persönlicher und gesellschaftlicher Freiheit, was eine Fähigkeit zu solidarischem Verhalten zu sozialem Lernen und zum Handeln in Gruppen voraussetzt, ergibt eine Freiheit im demokratischen Verständnis. Damit kommen neue Aspekte der Bestimmung einer demokratischen Schule in den Blick, wie KLAFKI herausstellt: "Kommunikationsfähigkeit, Fähigkeit, eigene Interessen formulieren, in Diskussionen einbringen und praktisch verfolgen zu können, aber zugleich die Fähigkeit, eine Situation aus der Sicht des Mitmenschen, des Partners oder des Kontrahenten sehen zu können; Fähigkeit, Kompromisse schließen zu können; zwischenmenschliche Sensibilisierung, d.h. Entwicklung der Fähigkeit, die Gefühls- und Stimmungslage von Kommunikationspartnern erfassen und sich darauf einstellen zu können - dieses ist im Grunde die Erneuerung der alten Tugend des Takts" (KLAFKI 1975, 89).

Der Begriff 'Solidarität' umfaßt folglich nicht nur die Fähigkeit zur Kooperation, zur Entwicklung gemeinsamer Ziele und Interessenvertretung, zur Praktizierung gleichberechtigter Kommunikation und Mitbestimmung etc., sondern ebenso sinnlich-emotionale Aspekte, die noch über das hinausweisen können, was KLAFKI (1975) mit der 'zwischenmenschlichen Sensibilisierung' bezeichnet hat, und kann mit Worten wie Mitmenschlichkeit, Nächstenliebe und tätige Mithilfe für alle Benachteiligten der Gesellschaft nur sehr plakativ benannt werden (vgl. EBERT/HERTER 1987, 121 ff.).

Auf einen letzten wesentlichen Auftrag von Erziehung und Schule, der teilweise implizit in den vorangegangenen Ausführungen immer wieder mitgemeint wurde, stößt man, wenn man das allgemeine Ziel, "das Lernen des Lernens", wie es im Strukturplan für das Bildungswesen (1970) beschrieben wird, in einigen Passagen näher analysiert. Es enthält die Aufgabe zur Entwicklung der Fähigkeit, "immer wieder neu zu lernen" (DEUTSCHER BILDUNGSRAT 1970, 37).

In einer sich wandelnden Lebens- und Arbeitswelt mit ständig neuen Anforderungen und Situationen ist es unerläßlich und im wörtlichen Sinne "lebens"-wichtig, "nicht nur für die Berufstätigkeit, sondern auch für das persönliche Leben des älter werdenden Menschen und nicht zuletzt für das Verhältnis der Generationen zueinander von Bedeutung, daß die Schule einen Prozeß lebenslangen Lernens begründet" (DEUTSCHER BILDUNGSRAT 1970, 34). Die Erziehung zur Fähigkeit, sich auf Veränderungen der Lebensumstände und der Arbeitsverhältnisse, d.h. auf neue Entwicklungen im gesellschaftlichen, im technisch-wissenschaftlichen und wirtschaftlichen Bereich kritisch einstellen und mitgestaltend einwirken zu können, macht auf ein weiteres Moment des lebenslangen Lernens aufmerksam, das am besten mit dem Begriff "problemlösendes kreatives Denken und Handeln" umschrieben werden kann. Gemeint ist die Fähigkeit, sich neue Fragen zu stellen, d.h. von gewohnten, bekannten Denk- und Einstellungsschemata abzuweichen, konstruktive Kritik an bestehenden Verhältnissen zu äußern, begründete Vorschläge zu deren Verbesserung zu machen, neue bzw. alternative Lösungen zu entdecken und zu verfechten. Dazu gehört auch die Fähigkeit, über Herausforderungen der Zukunft nachzudenken und mögliche Bilder einer Welt von morgen zu entwerfen.

Damit sind grundlegende Zielvorstellungen für eine zeitgemäße Erziehung in einem demokratischen und sozialen Rechtsstaat aufgezeigt worden, die sich an den Leitvorstellungen von Kernbegriffen wie Mündigkeit, Emanzipation, Selbst-, Mitbestimmungs- und Solidaritätsfähigkeit etc. orientieren und die unter Bezug auf die Gegenwart in ihrer existentiellen Bedeutung für schulische Lernprozesse immer wieder neu mit Leben zu erfüllen sind. Es wird aber offensichtlich, daß die Anerkennung des wechselseitigen Bedingungszusammenhanges von individueller und gesellschaftlicher Mündigkeit (Selbst- und Mitbestimmungsfähigkeit) als Erziehungsziel auf der einen Seite und der Entwicklung einer freiheitlich-demokratischen Gesellschaft auf der anderen Seite für eine daran orientierte Erziehungskonzeption eine Neubestimmung des pädagogischen Leistungsprinzips erforderlich macht (vgl. FURCK 1969, LEMPERT 1971, KLAFKI 1976, SCHREINER 1972, HÄRLE 1983).

Für die Frage nach der Leistung in der Schule und ihrer Legitimierung wird deutlich, daß sich aus jenen Leitvorstellungen einer demokratischen Erziehung Leistungsforderungen und -vollzüge sowie Bewertungsmaßstäbe ableiten und begründen, die das Selbstverständnis des herkömmlichen schulischen Leistungsprinzips in seinen Ansatzpunkten in Frage stellen und zu revidieren suchen. Lernen und Leistung sind einzubinden in den gesamten Erziehungsprozeß. "Schule muß in dem Sinne 'Leistungsschule' sein, daß sie die Bewältigung von Aufgaben und Lernprozessen ermöglicht und fördert, die zur Selbst- und Mitbestimmungsfähigkeit führen können" (KLAFKI 1983, 493). Eine solche Forderung ist jedoch unmittelbar verknüpft mit einer (ständigen) Neuorientierung und Neubestimmung von Fragenbereichen, die unter dem Begriff 'Curriculum' zusammengefaßt werden, wie Lerninhalte, fachliche Lernziele und deren Abstimmung mit nichtfachlichen, allgemeinen Lernzielen, Lernformen etc. (vgl. DEUTSCHER BILDUNGSRAT 1970, 58 ff.).

Für das Verhältnis von Lernen und Leisten ergeben sich daraus Konsequenzen, die einerseits eine Revision des bisher und in weiten Teilen immer noch gültigen, aus dem 19. Jahrhundert überlieferten Sachverstandes von Schulleistung und Leistungsbeurteilung notwendig machen und die andererseits "die soziale Wirksamkeit und Unerläßlichkeit

sinnvoller, aber unter humanen Aspekten moderierter Leistungsorientierung" anerkennen (vgl. LENK 1976, 8).
Der letzte Teil der Aussage verweist auf den 'Sinn' von Schulleistung und hebt hervor, daß es nicht um die Abschaffung von Leistung in der Schule geht, nicht um die Desavouierung von Leistungsbereitschaft bzw. Leistungsmotivation, sondern um eine "sozial verantwortliche Kulturierung des Leistungsstrebens in der Schule" (HÄRLE 1983, 51). Dazu gehört auch im Sinne einer demokratischen Leistungserziehung das Streben und die Fähigkeit zur Lenkung und Korrektur des eigenen Leistungsverhaltens zu entfalten und nach Kräften zu unterstützen. Erziehung und Leistung sind demnach sich ergänzende Teile eines gemeinsamen Prozesses. Leistung oder Erziehung stellt sich in einem solchen Implikationsverhältnis als eine falsche Alternative heraus, denn sowohl gesellschaftliches als auch individuelles Leben bedürfen eines vielfältigen Leistungsspektrums.

Die Nichtübertragbarkeit des gesellschaftlichen Leistungsprinzips auf den schulischen Bildungsprozeß enthebt nicht der Aufgabe, in der Schule Leistungen zu fordern und läßt sich mit einer Kernaussage im Strukturplan für das Bildungswesen unterstreichen: "Die Erfahrung dieser Herausforderung [der Forderung nach Leistung] ist für den Lernenden unentbehrlich, denn die Forderung von Leistungen steht unter dem pädagogischen Prinzip der individuellen Förderung. Das pädagogische Leistungsprinzip gewährleistet zudem, daß der Lernende am Ende seiner Schul- oder Ausbildungszeit den harten gesellschaftlichen Leistungsanforderungen nicht unvorbereitet gegenübersteht" (DEUTSCHER BILDUNGSRAT 1970, 35 f.). Auch wenn der zweite Satz des Zitats zu Mißverständnissen führen kann,[6] ist damit nicht gemeint, die Schülerinnen und Schüler an die 'Leistungsgesellschaft' kritiklos anzupassen, sondern die Leistungsanforderungen der Schule haben die Funktion, die Schülerinnen und Schüler im Sinne einer instrumentalen Ausstattung auf gesellschaftliche (Leistungs-)Ansprüche überhaupt vorzubereiten.

Wenn man nun aber zum ersten Teil der noch allgemein formulierten These von der Revisionsbedürftigkeit des Verständnisses des herkömmlichen schulischen Leistungsprinzips zurückkehrt und daran orientiert die pädagogische Dimension der Leistung in der Schule bestimmen will, dann wird deutlich, daß damit Grundsätze für ein verändertes Leistungsverständnis formuliert, nicht aber schon reale Verhältnisse beschrieben werden. Warum der Prozeß der Neubestimmung des pädagogischen Leistungsbegriffs bisher nicht weiter vorangeschritten ist, liegt wesentlich daran, daß es sich hierbei eben nicht nur um ein innerschulisches, sondern gleichwohl immer auch um ein außerschulisches Problem handelt. Die Definition dessen, was das Leistungsprinzip letztlich 'pädagogisch' macht, ist abhängig davon, welche normativen Vorstellungen über Schule und Gesellschaft überhaupt bestehen; außerdem ist das Leistungsproblem so komplex, daß es von ganz verschiedenen Seiten angegangen wird, so auch von unterschiedlichen Wissenschaften und deren Teildisziplinen.[7]

Zwei weitere Gründe scheinen in diesem Zusammenhang ebenfalls noch von besonderem Rang.
Erstens gehört es zum unabweisbaren Bestandteil der Berufsrolle von Lehrerinnen und Lehrern, die Geltung von Leistungsnormen für Schülerinnen und Schüler anzuerkennen und auch bei ihnen die Anerkennung des Leistungsprinzips zu tradieren. Aufgrund gegebener Freiheitsgrade in der Rezeption von Rollenanforderungen können nun Lehrerinnen und Lehrer jedoch entweder fraglos das gesellschaftliche Leistungsprinzip, das weiter oben als eine 'Fiktion' beurteilt wird, auf schulische Lernprozesse übertragen oder dieses im Sinne der Neubestimmung eines pädagogischen Leistungsprinzips relativieren und humanisieren.[8]
Zweitens liegen einem neubestimmten Leistungsbegriff Schwierigkeiten in dessen schulpraktischer Realisierung zugrunde, wie an anderer Stelle noch gezeigt werden wird. Außerdem basiert er teilweise auf Annahmen, deren Verwirklichung faktisch zu ähnlichen negativen bzw. unerwünschten Nebenwirkungen führt, wie das traditionelle Leistungsverständnis schulischen Lernens, wenn man beispielsweise an das Postulat der wettbewerbsfreien bzw. konkurrenzlosen Leistungserbringung im Sinne einer ausschließlichen 'Freude an der eigenen Leistung' denkt (vgl. ROLFF 1980). Bezogen hierauf trifft nichts mehr zu als die Aussage: "Die Leistungsgesellschaft ist nicht von der Schule her zu heilen" (VON HENTIG; in: LICHTENSTEIN-ROTHER 1973, 41). Der Wettbewerb, beispielsweise im Spiel, im Beruf etc., ist im gesellschaftlichen Leben fest verankert, er reicht mehr oder weniger weit in das

schulische Leben hinein; er stellt auch für die Schule eine nicht zu leugnende soziale Realität dar. Deshalb kann und muß es notwendiges Ziel sein, ruinöse Auswirkungen von Wettbewerb auf Sozialbeziehungen, indem sich eine ausschließlich bzw. hauptsächlich auf Konkurrenzverhalten basierende Leistungsmotivation aufbaut, durch das Schaffen positiver Motive in der Schule zu verhindern. Damit bleibt jedoch der 'positive', vertretbare Wettbewerb für die Schule erhalten. Aber auch hierauf wird später noch genauer einzugehen sein.

Zunächst komme ich zur Klärung des pädagogischen Leistungsbegriffs, die wegen der Komplexität der Problematik teilweise thesenartig vorgetragen wird.

4. LEITGEDANKEN EINES PÄDAGOGISCHEN LEISTUNGSBEGRIFFS

Eine wesentliche Rolle für alle im Zusammenhang mit der Problematik von Leistungsmessung und -beurteilung stehenden Überlegungen spielt der in der Schule gültige Leistungsbegriff. Die Revision des schulischen Leistungsverständnisses führt zu veränderten Schwerpunktsetzungen und zu vielfach differenzierteren Sichtweisen als der herkömmliche, viel zu häufig noch maßgebliche Leistungsbegriff. Eine Neuorientierung setzt eine genauere Betrachtung einer Reihe wichtiger Aspekte und Zusammenhänge voraus, die eine Beachtung der nachfolgend näher zu erörternden Forderungen verlangen.

4.1 Leistung ist norm- *und* zweckbezogen

Es gibt keine Leistung per se; die Entscheidung, ob ein Verhalten - Prozeß oder Ergebnis - als Leistung bezeichnet wird, bedarf der Definition. Daraus resultiert: Um eine Bestimmung einer Leistung vornehmen zu können, ist die Existenz einer Norm erforderlich, auch im Hinblick darauf, ein bestimmtes (Lern-)Verhalten in Situationen vorzuschreiben oder erwarten zu lassen.

Das Vorhandensein bzw. die Konstituierung von konkreten Normen ist eine unerläßliche Vorbedingung, um darüber entscheiden zu können, ob ein Verhalten oder ein Handlungsergebnis als eine Leistung honoriert wird oder nicht. In Reflexion auf einen pädagogisch legitimierten Leistungsbegriff ist bei der Definition von entscheidungsrelevanten Realnormen unbedingt darauf zu achten, daß diese dem Recht auf optimale pädagogische Förderung der Schülerin und des Schülers verpflichtet sind. Der Zentralgedanke einer Erziehung zur Leistung bezieht sich im Kontext der Frage nach den normativen Zielen von Schule und Unterricht auf die allgemeinen Grundwerte einer demokratischen Schule.

Im Zusammenhang mit der Konstituierung von Leistungen muß geklärt werden, was geleistet werden soll, warum und wofür. Das ist schon deshalb unerläßlich, um zu vermeiden, daß weiterhin Bestand hat, was KLAFKI bei seiner Auseinandersetzung mit dem schulischen Leistungsbegriff feststellt: "Ein erheblicher Teil dessen, was in der Schule bis heute als 'Leistung' gefordert und honoriert wird, dürfte vielmehr, wirtschaftlich gesehen, sehr unökonomisch sein. Vielmehr schlagen sich im unreflektierten Leistungsbegriff veraltete Vorstellungen vom Lernen, falsche Übernahmen aus der zum Teil längst überholten Systematik isolierter Einzelwissenschaften, die fälschlich auf die Schule projiziert werden, unreflektierte Auffassungen über sogenannte 'Allgemeinbildung' und angeblich 'unverzichtbares Wissen', Fertigkeiten, die längst funktionslos geworden sind und anderes Strandgut einer unkritisch weitergeschleppten Schultradition nieder" (KLAFKI; in: KLAFKI/RANG/RÖHRS 1972, 189 f.).

Die Frage nach dem Warum und Wozu schulischer Leistungen ist vor dem Hintergrund der Herausbildung von Lern- und Leistungsmotiven von besonderer Bedeutung. Ziel schulischer Leistungsforderung ist es nicht, "beim Schüler die Bereitschaft zu erzeugen, für maximale Anreize Beliebiges unter hoher Anstrengung zu tun" (PRENZEL/ SCHIEFELE 1981, 491), sondern eine problem- und kooperationsbezogene Leistungsmotivation zu ermöglichen. Das kann aber nur erreicht werden, wenn Sinn und Zweck schulischer Leistung den Betroffenen, den Schülerinnen und Schülern also, einsichtig und nachvollziehbar gemacht werden können.

Der Sinngehalt schulischer Leistungen bzw. Leistungsanforderungen kann nur gesichert werden, wenn jedem Leistungsanspruch pädagogische Kriterien zugrunde liegen, die sich ausschließlich aus der Verantwortung für die Erziehung und Bildung jeder einzelnen Schülerin und jedes einzelnen Schülers ableiten und dabei als Grundprinzipien deren Personalität und Individualität berücksichtigt.
Leistungsanforderungen müssen in ihrer Berechtigung nachgewiesen werden. Sie müssen rational begründet werden unter Beachtung der allgemeinen Ziele von Erziehung und Schule. Wenn Schülerinnen und Schüler unter anderem zur Kritik- und Urteilsfähigkeit erzogen werden sollen, dann impliziert dieses eben auch eine Erziehung zur kritischen Leistungsbereitschaft, zur kritischen Reflexion der Zwecke schulischer Leistungsforderungen. Deshalb sollen Leistungen nicht ausschließlich fremdbestimmt abverlangt werde, sondern auch selbstbestimmt erfolgen.

Die allgemeine Zielsetzung von Schule als eine pädagogische Institution, die den einzelnen auf sein Leben in der Gesellschaft vorbereiten soll, liegt in der 'Erziehung zur Mündigkeit' begründet. Die damit angestrebte Befähigung zur Selbstbestimmung und -verantwortung macht die Ermöglichung selbständig geplanter und durchgeführter Lernprozesse sowie selbstgesetzter Lern- und Handlungsziele unabweislich. "Normierte Leistungsziele geben wenig Raum für Eigenaktivität, für Selbständigkeit und für Kreativität. Selbstbestimmung der Leistungsziele meint, daß auch in der Schule dem Schüler oder der Schülergruppe die Chance gegeben wird, das Was und das Wie einer mögli-

chen Leistung in Entscheidungsprozessen eigenständig mitzubestimmen" (WIDMER 1975, 606).
Allerdings ist Härle zuzustimmen, wenn er in diesem Zusammenhang feststellt, daß es "zu einem entwicklungsgemäßen und rationalen Ausgleich zwischen Fremdbestimmung und Selbstbestimmung kommen" muß (HÄRLE 1982, 54). Nicht zu rechtfertigen wäre es, einem der beiden Pole einen unbedingten Vorrang zuzugestehen.

Im Kern muß es in der heutigen Schule um pädagogisch und sachlich ausgewiesene Leistungsanforderungen gehen, die es Schülerinnen und Schülern gestatten, diesen möglichst selbstbestimmt, selbständig und eigenverantwortlich gerecht werden zu können. Werden dagegen schulische Leistungen zum Zweck der Reglementierung und Anpassung oder gar Unterordnung abverlangt, widerspricht das eklatant den Wertprinzipien einer demokratischen Schule.

4.2 Leistung ist anlage- *und* umweltbedingt

In zahlreichen Untersuchungen, geleitet zum Teil von sehr konträren Intentionen und Interessen, wurde sich mit der Frage auseinandergesetzt, inwieweit Anlage, soziokulturelle Faktoren oder andere Einflußgrößen die individuelle Leistungsfähigkeit bedingen. Als allgemeines Ergebnis dieser Bemühungen kann festgehalten werden, daß die schulische Leistung nicht ausschließlich Sache der einzelnen Schülerin oder des einzelnen Schülers, sondern ein Produkt des Zusammenwirkens verschiedener Faktoren ist, auf die die Schülerin bzw. der Schüler nur beschränkte Einwirkungsmöglichkeiten hat.

HELLER (1970) spricht von den beiden umfassenden Faktorenbündeln P (Schülerinnen-/Schüler-Persönlichkeit) und U (Umwelt), wobei der letzte Bereich noch einmal eine Unterteilung erfährt. GAEDICKE (1975) hat dieses Modell weiterentwickelt und modifiziert. Sie sieht die Schulleistung in Abhängigkeit von der Gruppe der kognitiven Faktoren (Intelligenz im engeren Sinne) und der nichtkognitiven Faktoren

(Motivationsvariablen, Persönlichkeitsvariablen, Lehrerverhalten, soziokulturelles Milieu u.a.m.).

Damit wird offenbar, daß schulische Leistungen nicht allein aus Anlagebedingungen erklärt werden können. Im Gegenteil, es gibt viele Anzeichen dafür, daß Leistung in einem erheblichen Umfang auf Umweltfaktoren zurückzuführen ist. Insbesondere die Sozialisationsforschung konnte belegen, daß gesellschaftsbedingte Umweltfaktoren einen maßgeblichen Einfluß auf Schulleistungen haben. Hier muß auch auf die Untersuchungen zum soziokulturell geprägten Sprachverhalten und dessen Einwirkung auf schulische Lern- und Leistungsprozesse sowie den Schulerfolg hingewiesen werden.

Wenn bisherige Forschungsergebnisse keine hinreichende Evidenz für die Anlagebedingtheit von Leistungsverhalten liefern (vgl. HEIPCKE 1973), dann muß ein pädagogischer Leistungsbegriff diesem Rechnung tragen, d.h.: Schule kann für die von ihr gestellten Lern- und Leistungsforderungen nicht die adäquate Begabung voraussetzen, sondern muß schulisches Lernen vielmehr so organisieren, daß Begabungen 'entwickelt' werden können. "Schulorganisation und Didaktik werden nicht von der Vorstellung präformierter Begabungskonstanten ausgehen, sondern sich daran orientieren, wie Begabungen entwickelt, gefördert und angeleitet werden" (ROTH 1969, 6).

Der hier zugrunde gelegte 'dynamische' Begabungsbegriff, der die Überwindung der 'statischen' Auffassung von Begabung zum Ziel hat,[9] ging von der Annahme aus, "daß im heranwachsenden Menschen ein viel größeres Lernpotential und Entwicklungspotential steckt als bisher genutzt wurde" (FEND 1988, 75) und hatte zur Folge, daß im Schulwesen die optimale Lernförderung als primäre Aufgabe anerkannt und herausgestellt wurde.[10] Dabei kommt es im Sinne des 'Begabens' darauf an, sowohl die manifesten als auch gerade die latenten Lernmöglichkeiten von Schülerinnen und Schülern 'herauszufordern'. Im Zentrum eines pädagogischen Leistungsbegriffs steht demnach, wie die einzelnen unter dem gezielten Einsatz von methodisch-didaktisch aufbereiteten Lern- und Fördermöglichkeiten, dazu gehören auch angemessene Lern- und Leistungsforderungen, sich selbst voranbringen und vervollkommnen (vgl. SCHIEFELE u.a. 1979, 3).

Individuelle Förderung darf allerdings nicht als eine unbeschränkte individuelle Selbstentfaltung mißvertanden werden, "sie muß eingebettet sein in die Gewinnung einer Verantwortlichkeit des einzelnen gegenüber der Gesellschaft" (OEHLSCHLÄGER 1989, 361).

Vor dem Hintergrund einer Erziehung zur Vorbereitung des einzelnen auf sein individuelles und gesellschaftliches Leben korrespondiert ein pädagogisch legitimierter Leistungsbegriff mit einem weiten Förderverständnis, das nicht einseitig auf die kognitive Förderung ausgerichtet ist und dazu noch überwiegend auf eine rezeptive Wissensvermittlung beschränkt werden kann.
Förderung im heutigen Schulwesen umfaßt neben der Entwicklung kognitiver Fähigkeiten ebenso die der praktischen, künstlerischen, sozialen, moralischen und politischen (vgl. SCHITTKO/MÜLLER-ROTHGENGER 1991).

4.3 Leistung ist produkt- *und* prozeßorientiert

Auf die Frage nach dem Kriterium für den Nachweis von Schülerinnen- und Schülerleistungen gerät im herkömmlichen Verständnis allzuoft und allzu selbstverständlich das Lernergebnis, nicht aber der **Prozeß der Aneignung** in den Blick. "Schülerleistung müßte demnach gemessen und bewertet werden können, indem man feststellt, welches Wissen jeweils verfügbar ist, welche Fähigkeiten erworben sind" (KASZEMEK 1989, 142). Ein derartiges Lehrerinnen- und Lehrerverhalten ist nicht falsch, aber einseitig und deshalb ergänzungsbedürftig. Ein Umdenken von einem vorwiegend 'ergebnisorientierten' Leistungsbegriff zu einem dynamischen Verständnis von schulischer Leistung ist notwendig. Da Schülerinnen und Schüler im Unterricht nicht nur dann Leistungen erbringen, wenn der Zuwachs an Wissen, Fertigkeiten und Fähigkeiten sowie Kenntnissen in Form von mündlichen oder schriftlichen Tests oder Klassenarbeiten überprüft wird, sondern in besonderem Maße - oft unter größerer Anstrengung - während der Auseinandersetzung mit einem Lerngegenstand, ist es nicht gerechtfertigt, alle diese Leistungen nicht zu berücksichtigen.[11] Im Prozeß der Aneignung werden vielfältige Kräfte eingesetzt und miteinander in Verbindung gebracht.

Für die Anwendung des dynamischen Leistungsbegriffs (vgl. KLAFKI 1983) bedarf es der Entwicklung von Leistungskriterien, "die sich auf geistige Prozesse beziehen, zum Beispiel den Vollzug von Kommunikation im Unterricht, der Entwicklung einer Kritik, den Vorgang einer mathematischen oder naturwissenschaftlichen Problemlösung" (KLAFKI 1983, 493). Allerdings bedarf es keiner breit angelegten Beweisführung, um verständlich zu machen, daß solche prozessualen Leistungen schwerer zu erfassen und zu beurteilen sind als beispielsweise die Kontrolle richtiger oder falscher Lösungen in einem mathematischen oder naturwissenschaftlichen Test oder die Feststellung von Fehlern in einem deutschen oder fremdsprachlichen Diktat. Eben diese ergebnisorientierte Leistungsbewertung, die häufig genug zu einem mechanischen, schablonenhaften Beurteilungsverhalten bei Lehrerinnen und Lehrern führt, bestimmt weithin Ziele, Inhalte und Lernprozesse sowie Lern- und Sozialformen des Unterrichts.

Der didaktische Entscheidungsprozeß wird demzufolge ungerechtfertigt vorherbestimmt und eingegrenzt durch die Fixierung auf überprüfbare Lernresultate, die am Ende von Unterrichtssequenzen bzw. -einheiten in Form von sogenannten Lernzielkontrollen erhoben werden. Das hat zur Folge, daß Lehrerinnen und Lehrer, Schülerinnen und Schüler und Eltern vor allem Ziele präferieren, "die eine leichte und vermeintlich objektive Beurteilung ermöglichen, und der Unterrichtsprozeß orientiert sich vielfach an dem expliziten oder impliziten Ziel, daß die Schüler letzten Endes solche leicht beurteilbaren Leistungen produzieren" (KLAFKI 1975, 91).

Dabei besteht zudem unübersehbar die Gefahr, den Unterricht lehrerzentriert und auf kognitive Lernziele beschränkt anzulegen, ganz im schlechten Sinn eines durchoperationalisierten, lernzielorientierten Unterrichts, der zum Zweck der Anwendung von einfach handhabbaren Lernzielkontrollen auf niedrige kognitive Lernziele reduziert wird (vgl. JANK/MEYER 1990, 342 ff.).

Deshalb: Ein zeitgemäßes pädagogisches Leistungsverständnis beinhaltet einen dynamischen Leistungsbegriff, der neben einer Produktkomponente eine Prozeßkomponente umfaßt, d.h. er berücksichtigt die Bedingungen und Vorgänge des Zustandekommens schulischer Leistungen.[12] Nur die Berücksichtigung von Leistungen in einem dynamischen Sinne und deren Erfassung durch Beobachtungs- und Beurteilungsinstrumente kann der Prozeßhaftigkeit schulischen Lernens gerecht werden.

4.4 Leistung ist individuelles *und* soziales Lernen

Ein weiteres Merkmal des herkömmlichen Verständnisses schulischer Leistung ist dessen individualistischer bzw. individualisierender Charakter. Leistung wird verengt als Ausdruck einer Fähigkeit der Schülerin und des Schülers verstanden, welche unabhängig vom sozialen Kontext in überwiegend konkurrenzorientierten Situationen erbracht wird. Das einseitige individualistisch-wettbewerbsorientierte Leistungsverständnis fördert einerseits eine vorwiegend auf gute Zensuren und Zeugnisse abzielende extrinsische Motivation (vgl. HECKHAUSEN 1974, KNÖRZER 1976, MEISTER 1977) und verhindert bzw. erschwert den Aufbau sachbezogener, intrinsischer Lern- und Leistungsmotive, die im Grunde Ziel pädagogischer Bemühungen sein sollten.

Versteht sich die Schule als eine Institution, in der die Erziehung zur individuellen Lern- und Leistungsbereitschaft eine Primäraufgabe darstellt, dann ist zu fragen, inwieweit schulische Lehr- und Lernkonstellationen diesem Ziel dienlich sind. Unbestreitbar ist Unterricht häufig davon geprägt, vermitteltes Wissen und erworbene Erkenntnisse sowie entfaltete Fertigkeiten ausschließlich unter dem vordergründigen Aspekt der Kontrollfunktion zu sehen. Dabei geht es bei einer Erziehung zur Lern- und Leistungsbereitschaft nicht in erster Linie um den Nachweis von Wissen und Können, sondern um das Erlernen der Fähigkeit, Wissen und Können selbständig und eigenverantwortlich in sozialen, emotionalen und kognitiven Handlungs- und Lernvollzügen anzuwenden und weiterzuentwickeln.
Das Lernbedürfnis der Schülerinnen und Schüler zu individualisieren, ist dann auch ein Grundsatz schulischer Erziehung, um ihren individuellen Voraussetzungen über das Moment des Verantwortungtragens für den eigenen Lernprozeß gerecht werden zu können.

Leistungsforderungen an den individuellen Lernmöglichkeiten anzupassen, wie sie in jedem differenzierenden Unterricht erfahren werden, hilft, Konkurrenzverhalten abzubauen, weil die eigene Lern- und Leistungsentwicklung, nicht der Vergleich mit der Lerngruppe, im Vordergrund des Interesses stehen.

Zudem hemmt ein einseitig konkurrenzorientiertes Leistungsverständnis vor allem die soziokulturell benachteiligten Schülerinnen und Schüler mit der Folge oftmals enttäuschter Hoffnungen auf schulische Lernerfolge, weil sie den mit günstigen Lernumwelten ausgestatteten Schülerinnen und Schülern im unmittelbaren Wettbewerb nur allzu oft von vornherein unterlegen sind.

Außerdem ist aus sozialerzieherischer Perspektive das dominierende Leistungskonkurrenzprinzip besonders problematisch, weil es der Erziehung zu kooperativem, solidarischem Handel, zur Hilfe gegenüber anderen im allgemeinen und sozial Schwächeren, Benachteiligten u.a.m. im besonderen entgegenwirkt. Dieses muß Anlaß zum Umdenken sein. Ein pädagogisch verantwortbarer Leistungsbegriff in einer demokratischen Schule muß sich auf das Spannungsverhältnis von individueller Leistung und gemeinsamer, in Kooperation mit anderen erbrachter Leistung einstellen, indem Lernen und Leisten viel stärker als bisher gemeinsam, d.h. in dafür geeigneten Sozialformen im Unterricht vollzogen werden, wie es unter anderem schülerorientierte Unterrichtsverfahren wie Freiarbeit, Wochenplanunterricht oder Projektunterricht (vgl. JÜRGENS 1991) ermöglichen.

Leistungserziehung mit dem Ziel der Selbsterprobung und Selbstbeanspruchung führt dazu, daß Konkurrenz und Wettbewerb nicht mehr vordergründiger Motivationsanlaß für das Lernen sind und wirkt dadurch gleichzeitig Barrieren gegen gemeinsames Lernen entgegen. Zusammen etwas lernen, an gemeinsamen Planungen mitgestalten, anderen in Partner- oder Gruppenarbeit zu helfen bzw. von anderen sich helfen zu lassen, werden zu selbstverständlichen Merkmalen eines pädagogischen Leistungsbegriffs, mit dem es gelingt, individuelle, soziale und emotionale Prozesse in der Schule miteinander sinnvoll zu verknüpfen. Mit BECKMANN läßt sich feststellen, "daß in der Unterrichtsarbeit beide Formen zu ihrem Recht kommen müssen. Einerseits muß nach wie vor der einzelne Schüler gefordert werden; er muß die Möglichkeiten zur individuellen Selbstkontrolle ebenso erhalten wie die Chance des Erfolgserlebnisses. Andererseits sind im Unterricht Gruppenarbeiten einzuplanen, bei denen zwar auch der jeweilige individuelle Beitrag zählt, darüber hinaus aber der Lernertrag hinsichtlich der Einstellung auf den Partner und soziales Lernen überhaupt" (BECKMANN 1978, 47).

Vor dem Wert- und Sinnhorizont des Prinzips gemeinsamen Lernens bemißt sich die individuelle Leistung an ihrem Beitrag und ihrer Mitwirkung an der Zusammenarbeit mit Partnerinnen bzw. Partnern und Gruppen, also zur gemeinschaftlich errungenen Leistung. Dabei steht nicht die Frage, was jede/r für sich allein, sondern was jede/r in Kooperation und Solidarität mit anderen zu leisten imstande ist bzw. zu leisten bereit ist.

Das bedeutet zusammenfassend: Der vielfach am Konkurrenzprinzip individualistisch ausgerichtete Leistungsbegriff bedarf unbedingt der Ergänzung bzw. Relativierung durch das Kooperations- bzw. Solidaritätsprinzip.

4.5 Leistung ist problemmotiviertes *und* vielfältiges Lernen

Da die normierten Leistungsanforderungen der Schule häufig genug verbunden sind mit einer Überbetonung kognitiver, intellektueller, verbaler und scholastisch-akademischer Leistungen, entstehen Einseitigkeiten und Defizite. In der Absicht, klar umrissene Lernziele vorzugeben und deren Erreichung durch Endkontrollen zu überprüfen, kommt es vielfach zu einem stringent gelenkten, durch Anweisungen und enge Fragen der Lehrenden dominierten Unterrichtsprozeß, der den Schülerinnen und Schülern lediglich die Möglichkeit zur Hervorbringung rezeptiver, reproduktiver Leistungen einräumt. Dadurch werden Leistungen wie Kreativität, Produktivität, Konfliktlösefähigkeit, Kooperation etc. vernachlässigt.

Mit Verweis auf die Konzeption des handlungsorientierten Unterrichts (BÖNSCH 1988, JANK/MEYER 1990) und dem diesem zugrundeliegenden mehrdimensionalen Lernbegriff, der insbesondere die Ganzheitlichkeit des Lernens[13] betont, läßt sich die Notwendigkeit unterstreichen, einen pädagogischen Leistungsbegriff zu prägen, der nicht einseitig, sondern kulturell und anthropologisch vielseitig ausgerichtet ist. Dieses kann aber nur gelingen, wenn der Unterricht die Voraussetzungen dafür schafft. Dazu muß Bildung entschiedener als bisher Lebenswelt und Handeln berücksichtigen, die Eigentätigkeit der Schülerinnen und Schüler stärken. Denn: "Eigentätigkeit ist die intensivste Form des Lernens, nicht nur, weil sie die Herstellung durchschaubar macht, sondern weil sie je nach Umständen alle Sinne anspricht. Sie ist kognitiv und emotional" (TILLMANN 1989, 359).

Bei eigentätiger Aneignung entsteht eine 'Eigenverantwortung' für die eigenen Lernprozesse, für eigene Aktivitäten; die Eigentätigkeit bildet die materielle Grundlage der Erkenntnistätigkeit. Was gebraucht wird, ist ein Leistungsverständnis, das mit handlungsorientiertem Unterricht 'kompatibel' ist, damit die überzogene 'Verkopfung' schulischer Lernprozesse in Grenzen gehalten bzw. zurückgedrängt werden kann. Dabei lautet die Alternative nicht 'Kopf- oder Handarbeit', sondern 'Verknüpfung von Kopf- und Handarbeit'. Schulisches Lernen kann sich eben nicht auf die ausschließliche Vermittlung oder Weitergabe 'historischer' Erfahrungen in einem abstrakten, verbal-kognitiv dominierten Unterricht beschränken bzw. darauf festlegen lassen, sondern muß Lernumwelten gestalten, die ein selbständiges, Initiative und Eigenaktivität förderndes Erfahrungen-Machen von Schülerinnen und Schülern nicht nur ermöglichen, sondern geradezu herausfordern. Erfahrungslernen, ganzheitliches Lernen bzw. praktisches Lernen stellen Zugänge dar, die die schulische und außerschulische Wirklichkeit über das eigene Tun erschließen und verstehen helfen.

Weil eigene Erfahrungen sich nicht von selbst einstellen, müssen sie ganz 'konkret' gemacht werden. Im Prozeß der sinnlich-handelnden Aneignung von Realitätsbezügen integrieren sich Kopf- und Handarbeit in dynamischer Wechselwirkung. Besonders im Zuge 'innerer Schulreformschritte' ist es gelungen, handlungsorientierten Unterricht im allgemeinbildenden Schulwesen zu verankern. Der schon erwähnte

Projektunterricht sowie Formen des Offenen Unterrichts und der Freiarbeit stellen in diesem Zusammenhang bewährte Möglichkeiten dar.

Aber jede Unterrichtsform, die eine Ausweitung des beherrschenden kognitiv-verbalen Anforderungsspektrums auf kooperative, kreative und ganzheitliche Lernaktivitäten voranbringt, ist geeignet, den Leistungsbegriff in der Schule von seiner vorrangigen Festlegung auf 'verkopfte' Lerninhalte zu 'befreien'. Ein pädagogischer Leistungsbegriff, der sich einem ganzheitlichen Lernansatz verpflichtet fühlt, betrachtet die Schule nicht hauptsächlich aus dem Blickwinkel einer auf bloße Wissensvermittlung ausgerichteten Institution, sondern vom Standpunkt einer veränderten Gesellschaft. Schule muß heute mehr denn je zum 'Schöpferischen', zur sozialen Verantwortung und zur Konflikt- und Kritikfähigkeit erziehen. Da Schule - ob sie will oder nicht - aufgrund besonderer gesellschaftlicher Problemlagen immer mehr in die Rolle einer sozialpädagogischen Reparaturinstanz für die Gesellschaft gedrängt wird, ist ein Überdenken von unterrichtlichen Inhalten, schulischen Leistungsanforderungen und Methoden des Lernens und Lehrens zwingend geboten. Der vielfach noch vorherrschende Leistungsbegriff wird sich deshalb im Zuge innerer Schulreformen verändern bzw. anpassen müssen, damit Schule mit einem neuen pädagogischen Leistungsverständnis angemessener auf Herausforderungen der Gegenwart reagieren kann. Eine Schule also, die Leistungen vielseitig im Sinne eines mehrdimensionalen Lernbegriffs ermöglicht und voranbringt, ist eine 'realitätsnahe' Schule, da sie zukunftsorientierte Schlüsselfunktionen für die Bewältigung gesellschaftlicher Aufgaben sowie der stark veränderten Tätigkeits- und Berufsstrukturen vermittelt.

Eine Revision des Leistungsbegriffs in Richtung auf ein pädagogisches Grundverständnis, das den ganzheitlichen Lernansatz als 'zeitgemäßes' didaktisches Modell wiederentdeckt hat, läßt sich insbesondere auch mit dem Hinweis auf Veränderungen der gesellschaftlichen Lebensbedingungen der Schülerinnen und Schüler begründen.
Es ist aufgrund eingetretener gesellschaftlicher Entwicklungen eine grundlegende Wandlung des Kindseins in der heutigen Zeit zu beobachten. JANK/MEYER fassen diese veränderte Kindheit in einer These zusammen: "Es wird schwieriger, Kind zu sein und Erwachsener zu

werden, weil die Lebensumwelt der Kinder und Jugendlichen *lernfeindlicher* und die Orientierungsangebote der Gesellschaft *diffuser* geworden sind (JANK/MEYER 1990, 401; Hervorhebungen im Original).
Der Schule wird kaum etwas anderes möglich sein, als auf diese Lernausgangslage ihrer Schülerinnen und Schüler Rücksicht zu nehmen und ihr in der Gestaltung der Erziehungs- und Unterrichtsprozesse Rechnung zu tragen. Es wird zukünftig immer stärker darauf ankommen, Schulen als Lernorte zu verstehen, an denen Schulwirklichkeit und Lebenswelt miteinander verzahnt werden, damit "Lehrer und Schüler Erfahrungen sammeln und Handlungsmöglichkeiten erproben können, die außerhalb der Schule immer verschüttet werden" (JANK/MEYER 1990, 401).

Hinsichtlich der Bedingungen einer veränderten Kindheit muß der schulische Leistungsbegriff überdacht werden. Nötig ist ein pädagogisches Leistungsverständnis, das den veränderten Lernvoraussetzungen der Schülerinnen und Schüler gerecht wird und dem Konzept eines handlungsorientierten, erfahrungsbezogenen Unterrichts angemessen ist. Das ist nur erreichbar mit einem weiten Leistungsbegriff, der vielseitiges, ganzheitliches Lernen nicht nur zuläßt, sondern fördert. Ein in diesem Verständnis zu begründendes pädagogisches Leistungsprinzip ist orientiert am 'Sinn' als Grundvoraussetzung von Leistung. "Der eigentliche Sinn des derzeit verbreitet diskutierten handlungsorientierten Unterrichts liegt darin, sich in einem entwickelten Handlungs- und Sinnzusammenhang mit seiner ganzen Person einzubringen, sowohl die Planung als auch die Durchführung und Analyse des Ergebnisses wie des Arbeitsprozesses mitzubedenken, mitzugestalten, mitzuverantworten. In dem Maße, wie ich für meine Arbeit mitverantwortlich bin, werde ich sie mittragen, werde ich sie mit Sinn besetzen" (BÖNSCH 1989, 4).

Das pädagogische Problem der Leistung, die Erziehung zur problemorientierten Leistungsbereitschaft und -fähigkeit, ist demzufolge untrennbar mit der umfassenden Aufgabe verbunden, pädagogische und curriculare Entscheidungen zu treffen, die Lernen in dieser 'sinnstiftenden' Weise anzubahnen helfen.

Ein vielseitiger Leistungsbegriff, der Raum gibt für Eigentätigkeit, für selbständiges und selbstbestimmtes Handeln, für Kreativität und Persönlichkeitsentfaltung, korrespondiert mit einer *sach- und problemorientierten Leistungsmotivation.* Will man eigenständiges, problemlösendes und am Inhalt interessiertes Lernen entwickeln, kommt es darauf an, die Entfaltung von Leistungsbereitschaft an dem übergeordneten Lernziel "Entwicklung der Fähigkeit zur Selbstregulierung des eigenen Leistungsverhaltens, d.h. zu intrinsischer Selbstmotivierung und Selbstbekräftigung" zu orientieren (HECKHAUSEN 1974, 54).
Leistungsforderungen dienen also der *Herausforderung* zu einem möglichst freiwilligen, durch Einsicht getragenes *Leistenwollen.* Ziel muß es sein, Leistungsbereitschaft und -freude durch sachbezogene, den individuellen Voraussetzungen angemessene Lerngegenstände aufzubauen. Hiermit wird also einer Leistungserziehung das Wort geredet, die berechtigte Leistungsforderungen in der Schule mit der Absicht stellt, die "Entwicklung der Bereitschaft und Fähigkeit zur Steuerung und Regulierung des eigenen Leistungsverhaltens" (LICHTENSTEIN-ROTHER 1981, 139) zu fördern. Alle pädagogischen und methodisch-didaktischen Maßnahmen der Schule müssen sich ihrerseits daran messen lassen, inwieweit sie in der Richtung dieser Zielstellung genügen.
Die Auswahl und Begründung der Lernziele und -inhalte sowie deren schulpraktische Realisierung haben so zu erfolgen, daß Lern- und Arbeitssituationen entstehen, die einer sachmotivierten Selbsterprobung und Selbstbeanspruchung in sinnlich-ganzheitlichen Unterrichtsbezügen vielfache Gelegenheit geben.

4.6 Zusammenfassung

Im Vorangehenden sollte zunächst dargestellt werden, welche Merkmale für einen pädagogischen Leistungsbegriff konstitutiv sind. Es wurde erläutert und begründet, wie ein pädagogisches Leistungsverständnis legitimiert werden kann und warum sich der herkömmliche Leistungsbegriff in wesentlichen Teilen als revisions- und ergänzungsbedürftig herausgestellt hat. Es leuchtet unmittelbar ein, daß die vorgetragenen Vorstellungen untrennbar mit curricularen Entscheidungen und daran gekoppelte bzw. davon abhängige Verfahren und Formen der Leistungsmessung und -beurteilung verbunden sind. BECKMANN ist in diesem Zusammenhang zuzustimmen, wenn er hervorhebt: "Der Begriff der Leistung ist nicht nur zu differenzieren nach dem Prozeß und dem Ergebnis, sondern darüber hinaus nach den vielfältigen Aufgaben, unter denen die Schulfächer arbeiten. Gerade weil zur Zeit weithin unter Leistung in der Schule die Reproduktion von Kenntnissen verstanden wird, ist dieses Gebiet am wachsamsten zu kontrollieren und durch die anderen Aspekte von Leistung entscheidend zu relativieren" (BECKMANN 1973, 259).

Die Entwicklung von Curricula setzt voraus, daß für jedes Unterrichtsfach bzw. für jeden Lernbereich Lernziele bestimmt werden, mit denen insbesondere geklärt wird, über welche Leistungsstruktur sowie über welche Arbeits- und Verhaltensformen eine Schülerin bzw. ein Schüler am Ende eines Unterrichtsabschnittes verfügen soll, weil nur so eine zielbezogene Leistungsmessung und -bewertung ermöglicht werden kann. Dazu gehört auch die Klärung, in welcher Weise fachliche und nichtfachliche, allgemeine Lernziele - weiter oben wurde insbesondere als das Leitziel einer demokratischen Schule die Erziehung zur Mündigkeit herausgestellt - aufeinander bezogen werden können. "Man muß fragen, wie sich die einzelnen Unterrichtsziele der Lernbereiche in Hinsicht auf jene allgemeineren Lernziele fruchtbar auswirken und wie die allgemeinen Ziele in den einzelnen Lernbereichen in konkrete Unterrichtsziele zu übersetzen oder zu übertragen sind. Diese Wechselbeziehung der Fragestellung macht die didaktische Analyse des Unterrichtsauftrages aus" (DEUTSCHER BILDUNGSRAT 1970, 84). Das bedeutet die vielseitige Herausforderung zur Leistung. Lernkontrollen dürfen nicht darauf beschränkt werden, rezeptive, reproduktive Leistungen vornehmlich zu überprüfen, sondern höhere Lernleistungen wie Kritikfähigkeit, Kreativität, selbständiges Denken etc. sind als Leitlinien für Leistungskontrollen anzuerkennen.

Unbedingt zu klären ist jedoch, sowohl für die Schülerinnen und Schüler als auch für die Eltern sowie insbesondere für die Unterrichtenden selbst, wie sich die Lernzielstruktur innerhalb einer Unterrichtseinheit abbildet, an welchen Stellen Verknüpfungen zwischen fachlichen und allgemeinen Zielstellungen möglich und angemessen sind[14] und wie die fachlichen Lernleistungen und/oder die Entwicklung allgemeiner Fähigkeiten diagnostiziert werden können bzw. sollen. Erfolgskontrolle, verstanden in diesem gemeinten Sinne als Selbstkontrolle von Lehrerinnen und Lehrern sowie Schülerinnen und Schülern, ist integraler Bestandteil geplanten Unterrichts. Damit werden die Bereiche der Leistungsmessung und -bewertung sowie die Notengebung angesprochen, die nachfolgend Gegenstand der Erörterungen sein sollen.

5. PÄDAGOGISCHE DIAGNOSTIK

Unabweisbar ist mit der Berufsrolle von Lehrerinnen und Lehrern die Pflicht zur Bewertung von Schülerinnen- und Schülerleistungen verbunden. Leistungsmessung und -beurteilung, insbesondere in Form der Notengebung, sind wichtige Bestandteile schulischer Prozesse. Sie durchdringen die gesamte Interaktion zwischen Lehrerinnen/Lehrern und Schülerinnen/Schülern. Wenn hier die Problematik von Leistungsmessung, besser: Lernerfolgsmessung, und Leistungsbewertung in den Kontext der Pädagogischen Diagnostik gestellt wird, dann soll damit verdeutlicht werden, daß Messen und Beurteilen zwar praktisch sehr bedeutsame Lehrertätigkeiten darstellen, diese aber in pädagogisch wichtigen Zusammenhängen stehen, die weit über ein enges Verständnis hinausgehen und die pädagogisches Handeln in den Bereichen Didaktik, Beratung und Entscheidung einbeziehen. Diagnostik und didaktische Maßnahmen bedingen sich, wenn man nach den verhaltenswirksamen Folgen von Diagnosen im schulischen Raum fragt, d.h. Diagnose, Prognose und pädagogisches Handeln beschreiben Komponenten eines Ganzen.

Allen bisher vorliegenden Versuchen zur Bestimmung der Pädagogischen Diagnostik liegt die Auffassung zugrunde, daß sie ihre wesentliche Funktion in der Vorbereitung, Planung und Kontrolle von pädagogischen Entscheidungen findet, beispielsweise über Lerndifferenzierungen bei Schülerinnen und Schülern. "Mit diagnostischen Methoden werden Informationen über Schüler erhoben und so zu einem Verlaufsbild zusammengefaßt, daß eine Beurteilung der Entwicklung der Schüler und Curricula erfolgen kann, die zur Grundlage erneuten pädagogischen Handelns wird" (KUTSCHER 1973, 37).

Die diagnostischen Aufgaben, mit denen sich Lehrerinnen und Lehrer in ihrer täglichen Unterrichtsarbeit konfrontiert sehen, lassen sich drei Bereichen zuordnen:

- Laufbahnentscheidungen (z.B. Überweisung in Sonderschuleinrichtungen, Übergang zu den weiterführenden Schularten nach der vierten oder sechsten Klasse),

- curriculare Entscheidungen (unterrichtsvorbereitende, -begleitende und -auswertende Maßnahmen) und

- präventive Entscheidungen (z.B. spezielle Fördervorsorgemaßnahmen).

Gerade diese Differenzierung der pädagogisch relevanten Handlungs- und Entscheidungssituationen diagnostischer Aufgaben weist darauf hin, daß die Wahrnehmung pädagogischer Diagnostik im Rahmen didaktischer und/oder präventiver Maßnahmen ein besonderes Gewicht zukommt. Insbesondere die unterrichtsbegleitende Diagnostik stellt als lernprozeßbezogene Handlungsweise eine wichtige Strategie dar, um das Unterrichtsgeschehen so zu gestalten und gegebenenfalls zu modifizieren, daß der individuelle Lernerfolg optimiert werden kann. Die Funktion und Bedeutung unterrichtsbegleitender Diagnostik sieht SCHWARZER im Ziel einer differentiellen Didaktik begründet. "Damit sind didaktische Interventionen gemeint, die sich mit den Unterschieden zwischen den Schülern beschäftigen und diese durch geeignete Maßnahmen auszugleichen versuchen. Im Gegensatz zu traditionellen Ansätzen, bei denen häufig alle Schüler mit dem gleichen Unterricht konfrontiert werden und bei dem es fast zwangsläufig Versager gibt, bemüht sich differentielle Didaktik um zielerreichendes Lernen, um adaptiven Unterricht, um schülerorientierten Unterricht und um didaktische Differenzierung" (SCHWARZER 1979, 130).

Die praktisch äußerst bedeutsame unterrichtsbegleitende Diagnostik kann jedoch nur angemessen bewältigt werden und zu den gesetzten Zielen führen, wenn dem Dreischritt von unterrichtsvorbereitender, unterrichtsbegleitender und unterrichtsabschließender Diagnostik in seiner wechselseitigen Abhängigkeit und unverzichtbaren Ergänzung Rechnung getragen wird.

Somit ist zunächst die enge Verknüpfung zwischen Diagnostik und Didaktik sichtbar geworden; da aber auf der Grundlage diagnostischer Informationen auch Aussagen über Entwicklungs- und Entfaltungsmöglichkeiten getroffen werden, unter anderem zum Beispiel bei Entscheidungen über Kurszuweisungen oder über Schullaufbahnen etc., die von längerfristiger Bedeutung für die Schülerinnen und Schüler sind, bedarf es der Beratung. MARTIN erklärt in diesem Problemzusammenhang zu Recht, daß Beurteilen **und** Beraten zu jenen Funktionen von Lehrerinnen und Lehrern gehören, die bisher zu wenig Beachtung gefunden haben, obwohl "sie zu den folgenreichsten alltäglichen Handlungen jedes Lehrers gehören" (MARTIN 1980, 11).

Soll Diagnose nicht 'folgenlos' bleiben, werden auf der Grundlage gesammelter und bereitgestellter Informationen pädagogische Entscheidungen unterschiedlicher Reichweite vorgenommen, wie zum Beispiel Planungs-, Handlungs-, Feststellungs- und Bewertungsentscheidungen (vgl. KLAUER 1978) getroffen, in die die Lernenden mehr oder weniger stark eingebunden sind und die im unterschiedlichen Maße Mitgestaltungs- und Einflußmöglichkeiten zulassen. Aber überall dort, wo Individualisierung und Differenzierung im Schulwesen Entscheidungen ermöglichen, die Schülerinnen und Schüler mitbestimmen bzw. selbstbestimmen können, weil Lernwege und Bildungsmöglichkeiten zu wählen sind, wird Beratung notwendig. Wegen der Vielfalt der unterschiedlichen Informationen, die derartige Entscheidungsprozesse begleiten, benötigen Schülerinnen und Schüler in solchen Situationen Orientierungs-, Beurteilungs- und Beratungshilfen. Daß im Grunde in fast jedem (schülerorientierten) Unterricht Beurteilungs- und Beratungsvorgänge zusammen mit pädagogischen Entscheidungen vorliegen, läßt sich aus der Funktionsbestimmung schulischer Leistungsbewertung herleiten.

5.1 Leistungsmessung und -bewertung

5.1.1 Begriffliches

a) Leistungsmessung

Die Begriffe Leistungsmessung und -beurteilung werden häufig bedeutungsgleich verwendet (vgl. INGENKAMP 1983), obwohl die Bewertung als interpretativer Vorgang dem Verfahren der Erhebung und Auswertung einer Schülerleistung zeitlich nachgeordnet ist, soll das Beurteilungsergebnis nicht vorab schon feststehen. Als 'Leistungsmessung' soll die "Überprüfung und Kontrolle von durchgenommenen Stoffen und (durch ein Curriculum) festgelegten Lernzielen" (KÖCK/OTT 1976, 250) definiert werden. Damit wird nicht der Einschätzung INGENKAMPS gefolgt, der den Begriff der Leistungsmessung für methodisch anspruchsvollere Vorgehensweisen reserviert sieht, "die sich in stärkerem Maße an den Kriterien der Objektivität, Zuverlässigkeit und Gültigkeit orientieren als die Leistungsbeurteilung" (INGENKAMP 1983, 333).[15]

Synonym mit dem Begriff 'Leistungsmessung' findet man in der Literatur Begriffe wie Lernzielkontrolle,[16] Leistungskontrolle, Lernerfolgskontrolle, Leistungsfeststellung. Von besonderer Bedeutung ist die Beachtung der unterschiedlich schwierigen Lernzielstufen **Reproduktion, Reorganisation, Transfer** und **problemlösendes Denken** (vgl. DEUTSCHER BILDUNGSRAT 1970, 81), an denen sich die Konzeption einer jeden Leistungsmessung ausrichten sollte und die es ermöglichen, "sowohl Lernfortschritte als auch Lernergebnisse zu messen" (BRÜTTING 1981, 192). Grundsätzlich sollen Vorgänge der Leistungsmessung von Vorgängen der Leistungsbeurteilung unterschieden werden, obwohl man zugestehen muß, daß die Grenzen teilweise fließend sind.

b) Leistungsbewertung

In der Schulpraxis werden Begriffe der Leistungsmessung und -bewertung so gut wie gar nicht getrennt, obwohl die Beurteilung einer Schulleistung einen sekundären (wie zuvor erwähnt), einen nachgeordneten Vorgang darstellt, dem die Phase der Informationserhebung vorausgegangen sein muß. Die Bewertung einer Lernleistung macht das Vorhandensein eines Maßstabs erforderlich, anhand dessen Zuordnungen vorgenommen werden. Ein derartiges Kategoriensystem stellt die Notengebung mit ihrer sechsstufigen Notenskala dar, die von 'sehr gut' bis 'ungenügend' reicht.

Die mit Hilfe verschiedener Verfahren der Leistungsmessung (schriftliche Arbeiten und mündliche Beiträge) mögliche Kontrolle des Lernerfolgs kann unter Beziehung auf grundsätzlich drei Beurteilungsmaßstäbe gewertet werden.

1. Der intraindividuelle Maßstab (individuelles Bezugssystem), bei dem der individuelle Lernfortschritt die Bezugsnorm darstellt.

2. Der interindividuelle Maßstab (soziales Bezugssystem), bei dem die individuelle Schülerleistung im Vergleich zur gesamten Lerngruppe, dessen Mitglied die/der Lernende ist, bewertet wird - die häufigste Art der Leistungsbeurteilung.

3. Der kriteriumsorientierte Maßstab (sachliches Bezugssystem), bei dem das angestrebte Lernziel als Bezugsnorm festgelegt wird.

Bei Anwendung des individuellen Bezugssystem steht der Lern- und Leistungsprozeß im Zentrum der pädagogischen Aufmerksamkeit. Von Interesse ist, wie sich die einzelne Schülerin bzw. der einzelne Schüler im Vergleich zu den bisher gezeigten Schulleistungen über einen gewissen Zeitraum (z.B. für die Dauer einer Unterrichtseinheit) entwickelt hat. Die Beurteilung erfolgt dabei also anhand einer personenbezogenen, einer sogenannten ipsativen Norm.

Die Verwendung eines individuellen Bezugssystems ermöglicht es, individuelle Lern- und Leistungsprofile zu entwickeln und bietet deshalb günstige Voraussetzungen für differentialdidaktische Maßnahmen.

Während beim individuellen Bezugssystem der persönliche Leistungsverlauf bewertet wird, steht bei Festlegung auf ein soziales Bezugssystem der produktorientierte Leistungsvergleich der Schülerinnen und Schüler untereinander zu einem gegebenen Zeitpunkt (Auswertung von Lernzielkontrollen) im Mittelpunkt des diagnostischen Handelns.

Das soziale Bezugssystem ist stark problembehaftet und wurde deshalb von verschiedenen Seiten heftig kritisiert. Ein wesentlicher Schwachpunkt liegt darin, daß beispielsweise die notenmäßige Bewertung einer Schülerin bzw. eines Schülers daran gebunden ist, welche Bezugsgruppe als Maßstab für das Lehrerurteil herangezogen wird. Gängig ist eine Orientierung am Klassendurchschnitt. Dadurch könnte eine Schülerin oder ein Schüler, die/der in der einen Klasse als unterdurchschnittlich beurteilt wird, in einer anderen Klasse als durchschnittlich eingestuft werden.

Somit zeigt sich, am klasseninternen Maßstab ausgerichtete Beurteilungen haben nur für die jeweilige Bezugsgruppe (Klasse) Geltung, darüber hinaus aber nicht. Klassenübergreifende Leistungsvergleiche sind unzulässig.

Das individuelle Bezugssystem und das soziale Bezugssystem sind kaum miteinander vereinbar. Eine ausschließliche Verwendung des individuellen Bezugssystems in der Schule ist nicht realistisch (vgl. SCHWARZER/SCHWARZER 1980). Was möglich und sinnvoll ist, kann die getrennte Berücksichtigung beider Bezugssysteme sein, weil unbestritten individuelle Förderung besser möglich ist, wenn der individuelle Lern- und Leistungs*verlauf* gezielt und eingehend diagnostiziert wird. Davon unberührt bleibt, daß Lehrerinnen und Lehrer die individuelle Norm immer schon in ihren Urteilen beachtet haben, nämlich dann, wenn sie eine sogenannte 'pädagogische Zensur' erteilt haben, d.h. durch eine bessere Leistungsbewertung ungünstige Lernvoraussetzungen ausgeglichen oder bemerkenswerte Anstrengungen besonders honoriert haben.

Bei der Verwendung eines kriteriumsorientierten Bezugssystems steht der Erfolg pädagogischer Maßnahmen im Vordergrund des Interesses. Nicht der soziale Vergleich ist von Belang, sondern der Vergleich mit einer von der Lehrkraft vorgegebenen Leistungsnorm (Kriterium), die in der Regel mit dem angestrebten Lernziel übereinstimmt. Dieses als 'Lernerfolgsmessung' zu bezeichnende Vorgehen basiert auf einem lernzielorientierten Unterricht, der auf systematischen pädagogischen Entscheidungen innerhalb des Curriculums basiert. Da es in der Absicht des zielgerichteten Unterrichts liegt, allen Schülerinnen und Schülern die Erreichung des jeweiligen Lernziels zu ermöglichen, ist es unbedingt notwendig zu wissen, ob jede Schülerin und jeder Schüler den erforderlichen Leistungsstandard erreicht hat, d.h. das gesetzte Kriterium erfüllt, bevor der Unterricht 'lehrplanmäßig' fortgesetzt wird.
Die kriteriumsorientierte Lernerfolgsmessung ist im besonderen Maße darauf angelegt, nicht nur als Leistungskontrolle für die Schülerinnen und Schüler zu dienen, sondern gleichwohl für eine Überprüfung der pädagogischen und didaktischen Wirksamkeit des Lehrens unterstützend zur Verfügung zu stehen.

Die Dokumentation von schulischen Leistungen wird trotz einiger Reformbemühungen (Diagnosebogen, Lernentwicklungsberichte; vgl. JÜRGENS 1983) gegenwärtig immer noch überwiegend in Form von Zensuren vorgenommen, und daran wird sich in absehbarer Zeit wohl kaum etwas ändern, obwohl - wie weiter unten gezeigt werden wird - genügend gute Gründe dagegen sprechen.

c) Zensur und Zeugnis

Unter Zensur[17] wird ein in Kurzform (Ziffer, Buchstabe, Adjektiv) gefaßtes Urteil über Schülerinnen- und Schülerverhalten durch Lehrerinnen und Lehrer verstanden. "Durch das in Form einer Zensur abgegebene Urteil erfolgt eine rangmäßige Einstufung des beurteilten Verhaltens im Vergleich zu entsprechendem Verhalten anderer Lernender oder - seltener - im Vergleich zu in Kriterienkatalogen verdichteten Beschreibungen typischen Verhaltens" (INGENKAMP 1985a, 175). Damit wird schon deutlich, daß die Anwendung eines intraindividuellen Maßstabs den Einsatz der Zensurenskala zur Beurteilung individueller Lernfortschritte nicht zuläßt.

Die Zensurenskala entspricht meßmethodisch einer Rang- bzw. Ordinalskalierung, nach der sich lediglich eine Rangfolge im Sinne von Mehr-Weniger-Festlegen und die Richtung des Ausprägungsgrades (bei Zensuren von 1 [sehr gut] bis 6 [ungenügend]) bestimmen läßt. Nicht ablesen läßt sich daraus, wie groß der Abstand zwischen den Skaleneinheiten, d.h. zwischen den zugeteilten Noten und den damit bewerteten Schülerinnen- und Schülerleistungen ist. "Es läßt sich nur sagen, daß das mit 1 zensierte Verhalten besser eingestuft ist als das mit 2 zensierte, ohne zu wissen, um wieviel besser. Daher sind arithmetische Operationen wie Berechnung von Mittelwerten mit Zensuren nicht zulässig" - wie INGENKAMP (1983) mit Berufung auf ORTH (1974) feststellt, und man kann hinzufügen: sind aber dennoch gängige Praxis.

Leistungsmessung und -bewertung sowie die Zensierung vollziehen sich in einem Geflecht schulischer Prozesse, wie sich anhand der folgenden Abbildung zeigen läßt. Das Diagramm veranschaulicht, welchen Abhängigkeiten und Einflußfaktoren die hier behandelten Begriffe ausgesetzt sind.

Zusammenwirken von Leistungsmessung, Leistungsbeurteilung und Zensierung

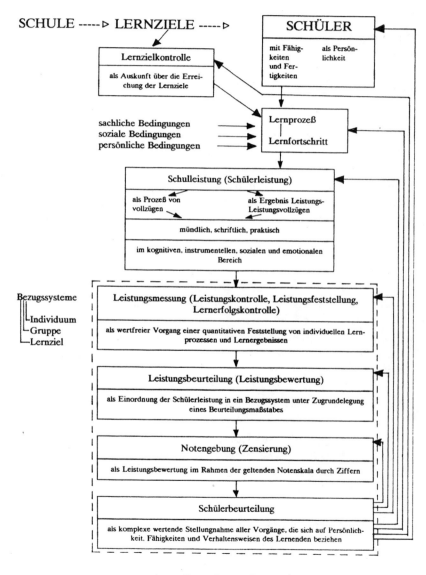

(aus: Brütting 1981, 193)

5.1.2 Funktionen schulischer Leistungsmessung und -bewertung

Wie vorangehend schon aufgezeigt, muß Leistungsbeurteilung in ihrer Aufgabenzuschreibung im Zusammenhang mit der Leistungsmessung (Lernerfolgskontrolle) und der Zensierung betrachtet werden. Leistungsbewertungsvorgänge werden nötig, um erfaßtes Schülerverhalten anhand eines vorgegebenen Maßstabs (die Zensurenskala) zu kategorisieren und in eine Reihenfolge zu bringen.

Obwohl in der einschlägigen wissenschaftlichen Literatur und in Erlassen, Verordnungen, Schulgesetzen etc. der Kultusbürokratie eine Reihe von Funktionen beschrieben werden, gibt es bisher keine einheitliche Bestimmung der pädagogischen Legitimation dessen, mit welchen Absichten und zur Erreichung welcher Ziele Leistungsmessung und -bewertung[18] in der Schule durchgeführt werden sollen.

Das schulischen Leistungsbeurteilungsprozessen zugrundeliegende pädagogische Verständnis ergibt sich aus dem jeweils gültigen und vorherrschenden Bezugssystem bzw. Begründungszusammenhang. Ob das schulische Beurteilungssystem pädagogisch zu positiven oder negativen Wirkungen führt, hängt im wesentlichen davon ab, wie die Funktionen schulischer Leistungsbeurteilung im Gesamt des Bildungs- und Erziehungsauftrages der Schule ausgefüllt werden und welcher Stellenwert ihnen jeweils zugedacht wird.

Da die Schule einerseits als eine *gesellschaftliche Institution* Zugangsberechtigungen, beispielsweise in Form von Versetzungsentscheidungen, Abschlußzeugnissen und Hochschulzulassungen, erteilt und andererseits als eine *pädagogische Institution* den jungen Menschen in seiner Persönlichkeitsentfaltung zu fördern hat, lassen sich aufgrund dieses doppelsinnigen Charakters zwei grundlegende Funktionen schulischer Leistungsbeurteilung unterscheiden: die *curriculare*[19] und die *Allokations- und Klassifikationsfunktion*.

5.1.2.1 Curriculare Kontrolle

Leistungsbewertung wird im Zusammenhang dieser Funktion als Anlaß und Hilfe zur Korrektur der Lehr- und Lernplanung gesehen. Lernerfolgskontrollen sind zu diesem Zweck pädagogisch so zu gestalten, "daß ihr jeweiliges Ergebnis eine aufklärende Rückwirkung haben kann auf pädagogische Überlegungen" (DEUTSCHER BILDUNGSRAT 1970, 88).

Leistungsbeurteilungsprozesse stellen in diesem Sinne diagnostische Aktivitäten dar, mit deren Hilfe sich pädagogische und methodisch-didaktische Handlungsentscheidungen im Rahmen schulischen Unterrichts vorbereiten, durchführen und auswerten lassen. Die curriculare (lernzielbezogene) Kontrolle ist sowohl für die Optimierung der individuellen Förderung von Schülerinnen und Schülern als auch für die inhaltliche Planung und Organisation von Lernprozessen von unverzichtbarer Bedeutung.

Die curriculare Kontrollfunktion der Leistungsbewertung bezieht sich auf Fragen wie:

- Wurde die Auswahl der Lerngegenstände im Hinblick auf die Lernziele richtig getroffen?
- Lag das zu Erlernende gegenüber dem Kenntnisstand der Lernenden zu hoch oder zu tief?
- War das methodische Vorgehen geeignet, um das Lernziel zu verdeutlichen?
- Haben die Lernerfolgskontrollen das geprüft, was mit dem Unterricht angestrebt wurde?
- Gibt die Beherrschung der 'Testaufgaben' u.ä. die notwendige Grundlage zur erfolgreichen Fortsetzung des Unterrichts ab?
- Wurde die Motivation für den Lernbereich und das Lernziel verstärkt?

(vgl. DEUTSCHER BILDUNGSRAT 1970, 88).

Die curriculare Kontrollfunktion der Leistungsbewertung unterstreicht nachhaltig, daß jede Leistungsmessung in der Schule gleichermaßen Informationen zum Lernprozeß der Schülerinnen und Schüler *und* zum Lehrprozeß der Lehrerinnen und Lehrer hervorbringt, wobei die Hinweise auf das Lehrinnen- und Lehrerverhalten in der Praxis oft vernachlässigt werden, obwohl es dafür überhaupt keine Gründe bzw. Rechtfertigung gibt. Denn unbestritten stehen Schülerinnen-/ Schülerleistung und Lehrerinnen/Lehrerleistung in einem - wenn auch selten direkten und linearen - Zusammenhang, der zur Reflexion darüber verpflichten sollte, wie durch Änderung und Verbesserung curricularer Elemente (u.a. der Lehr- und Lernformen, der Lernzugänge, der Testverfahren etc.) Schülerleistungen unter günstigeren Voraussetzungen ermöglicht und gesteigert werden können.

5.1.2.2 Allokations- und Klassifikationsfunktion (Selektionsfunktion)

Leistungsmessungen und ihre Auswertung bilden eine wichtige Grundlage für Laufbahnentscheidungen, die für die Schülerinnen und Schüler von weitreichender (sozialer) Bedeutung sein können. Abschließende Gesamtbewertungen in Form von Zensuren oder Zeugnissen werden als Grundlagen für Berechtigungen herangezogen, wie zum Beispiel das Eröffnen oder Verwehren von Zugängen zu weiterführenden, höherqualifizierenden Schulen, das Versetzen oder Nichtversetzen am Ende eines Schuljahres, die Zuweisung zu unterschiedlich anspruchsvollen Kursen im Fachleistungskurssystem, die Aufnahme in Förderkurse,[20] die Einleitung von Sonderschulüberweisungsverfahren.

Unter dem Aspekt der Gleichbehandlung erfordert die Selektionsfunktion Leistungsbeurteilungen im Zusammenhang mit vereinheitlichten und übereinstimmenden Zielvorgaben und Festlegungen, wodurch zwangsläufig individuelle Lernvoraussetzungen und soziokulturelle Bedingungen mehr oder weniger unberücksichtigt bleiben.

LICHTENSTEIN-ROTHER ist unbedingt zuzustimmen, daß in der Schule deutlich unterschieden werden muß zwischen

"a) Leistungsfeststellungen, die im Zusammenhang mit Übertrittszeugnissen und Ausleseverfahren stehen, und

b) Leistungsfeststellungen und Beurteilungen, die Teil des Lern- und Erziehungsprozesses der Schule sind"

LICHTENSTEIN-ROTHER 1989, 8).

Vor dem Hintergrund des Gesagten zur Legitimation eines pädagogischen Leistungsbegriffs sind Leistungsbeurteilungen zuvorderst dem *pädagogischen Schwerpunkt* verpflichtet. Leistungsmessung und -beurteilung werden für die pädagogische Arbeit als notwendig anerkannt, aber sie sollen pädagogisch begründet und einsehbar sein. Deshalb muß sich auch deutlich gegen Leistungsüberprüfungen ausgesprochen werden, die allein der Fremdkontrolle dienen, und damit kann zu einer weiteren Grundfunktion schulischer Leistungserhebungen und Leistungsbeurteilungen übergeleitet werden.

5.1.2.3 Selbst- versus Fremdkontrolle in der Leistungsbeurteilung

Leistungsbeurteilungsvorgänge dienen nicht bzw. nicht vorrangig der Fremdkontrolle schulischen Lernens, sondern immer zuerst der Selbstkontrolle. Diese Feststellung ist leicht begründbar, wenn man sich noch einmal das Primat der Erziehung zur Mündigkeit in Erinnerung ruft und vergegenwärtigt, daß in diesem Zusammenhang allgemeine Lernziele wie Erziehung zur kritischen Selbsteinschätzung und Selbstverantwortung genannt werden. Wie dem Niedersächsischen Erlaß zur Orientierungsstufe (1991) zu entnehmen ist, haben die Beobachtung, Feststellung und Bewertung der Lernergebnisse die pädagogische Funktion der Bestätigung und Ermutigung, der Lernhilfe und Lernkorrektur (vgl. DER NIEDERSÄCHSISCHE KULTUSMINISTER 1991, 21).

Leistungsbewertung als 'Lernhilfe' und Lernkorrektur bedarf der Orientierungs-, Beurteilungs- und Beratungshilfe durch die Lehrkraft, damit die Schülerinnen und Schüler den eigenen Lernerfolg in bezug auf das gesetzte (Lern-)Ziel einschätzen und eigenständig Schritte zur Steigerung des Lernfortschritts finden und realisieren können. "Der Schüler soll selbst kontrollieren können, wo er steht, was er noch üben muß und wo er Erfolg hat" (SINGER 1981, 200).
Für die Schülerinnen und Schüler sollen Leistungskontrollen Hilfen darstellen, um den eigenen Lernzuwachs, aber auch Lernmängel wahrzunehmen. Erziehung zur Mündigkeit erfordert eine Erziehung zur kritischen Selbsteinschätzung und Selbstverantwortung. Dazu gehört das selbständige und verantwortliche Handeln, was unter anderem auch dadurch gefördert wird, daß Schülerinnen und Schüler selbst kontrollieren können, was sie schon gelernt haben, was sie noch nicht so gut können und wo sie noch größere Lücken haben. Für selbstkontrollierte Leistungsbeurteilungen gibt es eine Vielzahl von Möglichkeiten, wie unter anderem Partnerarbeit, Gruppenarbeit, selbsterstellte Fragen und Tests, das gegenseitige Abfragen, Entwicklung und Anwendung von Kontrollbögen etc.
Die pädagogische Funktion der Selbstkontrolle bezieht sich auf die Anwendung sowohl des intraindividuellen Maßstabs (individueller Lernfortschritt) als auch des interindividuellen Maßstabs (Lernerfolg im Vergleich zur gesamten Lerngruppe) sowie den kriteriumsbezogenen Maßstab (Soll-Ist-Vergleich bezüglich der angestrebten Unterrichtsziele und -inhalte).

Der Sinn der Leistungsbewertung ist nicht die ausschließliche Selbstkontrolle der Lernenden, sondern auch die Fremdkontrolle, und zwar insbesondere in zweifacher Hinsicht. Erstens sind die Erziehungsberechtigten zu nennen, "die regelmäßig über den Lern- und Leistungsstand, über Lernerfolge sowie Lernrückstände ihrer Kinder zu informieren" sind (DER NIEDERSÄCHSISCHE KULTUSMINISTER 1991, 21). Zweitens ist die Lehrerin bzw. der Lehrer zu erwähnen, in deren 'Bewußtsein' Ergebnisse von Lernerfolgskontrollen als Diagnose und Prognose von Lernleistungen zur Verbesserung des Lehrverhaltens zurückfließen sollen (vgl. DEUTSCHER BILDUNGSRAT 1970, 88), worauf schon weiter oben hingewiesen wurde.

5.1.3 Die Zensierung in der Leistungsbewertung

Obwohl es grundsätzlich möglich ist, Lernverhalten verbal zu beurteilen - und zur Zeit ist dazu wieder eine verstärkte Bereitschaft zu erkennen (vgl. JÜRGENS 1991) - dient überwiegend die Zensurenskala als Kategoriensystem zur Unterscheidung von Schülerinnen- und Schülerleistungen.

Die Auseinandersetzung mit der erziehungswissenschaftlichen Literatur ruft Verwunderung und Befremden gleichermaßen hervor, wenn man feststellt, wie viele Funktionen der Notengebung in der pädagogischen Theorie zugewiesen bzw. unterstellt werden (vgl. KLEBER 1976, JÜRGENS 1977, BOLSCHO/SCHWARZER 1979, BRÜTTING 1981, INGENKAMP 1981). Als erstaunlich müssen die zahlreichen Funktionszuschreibungen schon deshalb angesehen werden, weil Zensuren und Zeugnisse in ihrer Entstehung und in ihrer bisherigen Geschichte niemals in erster Linie pädagogische Instrumente gewesen sind, sondern überwiegend durch die gesellschaftlichen Aufgabe der Selektion und die Aufgabe, Berechtigungen zu erteilen, geprägt waren (vgl. INGENKAMP 1985a, 176) und auch im heutigen Schulwesen immer noch nahezu uneingeschränkt sind, wie die Ausführungen zur Allokations- und Klassifikationsfunktion gezeigt haben. Die Zensurengebung zeigt sich bisher gegenüber Revisionen bzw. Modifikationen als sehr resistent.

5.1.3.1 Funktionen der Notengebung

Mit dem nachfolgenden Überblick läßt sich nicht nur die Vielfalt zeigen, die dem Notensystem beigemessen wird, sondern ebenso - und das ist der entscheidendere Aspekt - die teilweise unverständliche Aggregation von miteinander unvereinbaren Funktionen.

DOHSE (1967) unterscheidet die Kontrollfunktion, die Anreizfunktion, die pädagogische Funktion und die rechtliche Funktion. KORNADT (1975) nennt fünf Funktionen:

- die deskriptive Funktion zur Erfassung und Beurteilung des gegenwärtigen Leistungsstandes einer Schülerin bzw. eines Schülers,

- die prognostische Funktion, die man einer Note gibt, wenn aus ihr auf zukünftige Leistungen geschlossen wird,

- die analytisch-diagnostische Funktion, mit deren Hilfe die Qualität des Könnens und eventuell bestehende Lerndefizite genauer festgestellt werden sollen,

- die erzieherische Funktion, die auf der motivationalen Ebene wirksam werden kann, d.h. gute Noten werden von den Schülerinnen und Schülern als Bestätigung und Belohnung empfunden, schlechte dagegen werden zum Ansporn oder haben wenigstens Aufforderungscharakter zu größeren Anstrengungen,

- als letzte Funktion, daß die Schulleistungsbeurteilung auch die Möglichkeit impliziert, den Lehrerfolg der Lehrkraft zu beurteilen.

Drei Funktionen schreibt FUNKE (1972) den Noten und hier speziell den Zeugnissen zu, wobei er sich auf zahlreiche Literaturquellen zu stützen sucht:

1. Die pädagogische Funktion der Zeugnisse

    - als Arbeitsanreiz für die Schülerinnen und Schüler,
    - als Kontrolle der eigenen Leistungen für die Schülerinnen und Schüler,
    - als Medium der Information für die Zusammenarbeit zwischen Schule und Elternhaus,
    - als Zuchtmittel der Schule (der Lehrerinnen und Lehrer) gegenüber den Schülerinnen und Schülern;

2. Auslesefunktion der Zeugnisse
   - hinsichtlich der Leistungsfähigkeit der Schülerinnen und Schüler,
   - hinsichtlich der tatsächlichen schulischen Leistung als Leistungsnachweis;

3. Berechtigungs- und Orientierungsfunktion der Zeugnisse
   - innerhalb des Schulwesens für die Wahl des Ausbildungsweges,
   - für die Wirtschaft bei der Auswahl ihres Nachwuchses.

ZIEGENSPECK (1979) spricht von den drei zentralen Funktionen der Noten: der Orientierungs- und Berichtsfunktion, der pädagogischen Funktion und der Berechtigungsfunktion. KLEBER (1976) gliedert gar in zwei Funktionskreise der Beurteilung durch Notengebung: den ersten sieht er primär von pädagogischen Intentionen der Schule bestimmt, während der zweite die Forderungen der Gesellschaft an die Schule vereinigt. Beide können wiederum in einzelne Funktionen unterschieden werden:

1. Förderung des Lernens und Lehrens bzw. Förderung der Schülerinnen und Schüler:
   Darunter werden Aufgaben verstanden wie Schülerinnen-/Schüler-Feed-Back, Lehrerinnen-/Lehrer-Feed-Back, extrinsische Motivation der Schülerinnen und Schüler und der Lehrerinnen und Lehrer, Sozialisierung und Chancenausgleich,[21] Hilfe für Plazierungsentscheidungen.

2. Auslesefunktion der Benotung (Vorauslese und Auslese).

3. Berichtsfunktion der Benotung als "Nachweis für die Leistungen des Lehrers gegenüber seinem Arbeitgeber" und "Nachweis der verantwortungsvollen Tätigkeit des Lehrers gegenüber den Eltern" (KLEBER 1976, 30 f.).

4. Disziplinierungsfunktion.

Nach ZIELINSKI (1975) lassen sich sogar zehn Funktionen, die der Notengebung beigemessen werden, unterscheiden:

1. die Rückmeldefunktion für die Lehrerin und den Lehrer: an der Zensurenverteilung soll die Lehrkraft den Erfolg ihres Unterrichts ablesen können;

2. die Rückmeldefunktion für die Schülerinnen und Schüler: die Note informiert sie über ihren Leistungsstand im Vergleich zu den Mitschülerinnen und Mitschülern;

3. die Berichtsfunktion: durch Noten werden die Eltern über den Leistungsstand ihrer Kinder informiert;

4. die Anreizfunktion: Zensuren dienen zur Motivation der Schülerinnen und Schüler, um sich mit dem dargebotenen Lernstoff zu beschäftigen;

5. die Disziplinierungsfunktion: durch schlechte Noten werden leistungsunwillige Schülerinnen und Schüler bestraft, um sie dadurch dem gewünschen Leistungsverhalten näherzubringen;

6. die Sozialisierungsfunktion: Schülerinnen und Schüler müssen sich mit Leistungsnormen auseinandersetzen, die sich teilweise von den in der Familie gültigen stark unterscheiden. Vor allem nehmen die Schülerinnen und Schüler wahr, so ZIELINSKI, "daß es als fair gilt, wenn unterschiedliche Leistungen auch unterschiedlich belohnt werden" (ZIELINSKI 1975, 881);

7. die Klassifizierungsfunktion: durch die Unterschiede in den Noten werden die Schülerinnen und Schüler in unterschiedliche Bewertungsklassen eingeteilt. Diese Maßnahme ist Grundlage für Förderungs- und Selektionsmaßnahmen;

8. die Selektionsfunktion: die Auswahl besonders guter bzw. schlechter Schülerinnen und Schüler soll mit Hilfe von Zensuren durchgeführt werden, um sie entsprechenden Institutionen zuführen zu können;

9. die Zuteilungsfunktion: mit der Zensierung werden Berechtigungen für den weiteren sozialen Aufstieg vergeben oder verwehrt (bei den Funktionen 8 und 9 wäre danach zu fragen, ob sie nicht dasselbe meinen und deshalb zusammengefaßt werden können);

10. die Chancenausgleichsfunktion: besonders benachteiligte Schülerinnen und Schüler erhalten bessere Noten, "als es die objektiven Leistungen rechtfertigen würden" (ZIELINSKI 1975, 882).

Noch weitere Autoren (u.a. FLITNER 1966, WEISS 1969, VÖLKER 1974) haben sich bemüht, Funktionen der Notengebung zu bestimmen, die sich aber im Kern nicht von den bisher beschriebenen Inhalten unterscheiden.

Zusammenfassend läßt sich feststellen, daß den zum Teil erstaunlich vielfältigen und ausdifferenzierten Funktionen der Notengebung im großen und ganzen vergleichbare Zielsetzungen zugrunde gelegt werden wie zuvor den Funktionen der Leistungsbewertung, wodurch die Problematik derartiger Aufgabenzuschreibungen nicht geringer wird. Manche Funktionen der Zensuren sind nicht miteinander vereinbar und widersprechen sich (u.a. Selektionsfunktion versus Rückmeldefunktion, Anreizfunktion versus Disziplinierungsfunktion, Berichtsfunktion versus Chancenausgleichsfunktion). Zum Teil kommt es zwischen den Funktionen zu Überschneidungen, weil eindeutige Abgrenzungen nicht möglich sind. Es ist INGENKAMP zuzustimmen, wenn er es als schwer verständlich bezeichnet, "wie man glauben konnte, die Zensur könne so unterschiedliche Aufgaben gleichzeitig erfüllen" (INGENKAMP 1985a, 177).

Aber nicht nur die Breite der zugemessenen Funktionen ist in Frage zu stellen, sondern noch entscheidender ist die Beantwortung der Frage, ob die Zensur überhaupt in der Lage sein kann, den vielfältigen Aufgaben zu genügen. ZIEGENSPECK belegt für die als zentral herausgearbeiteten Funktionen den geringen Wert der Zensuren: "Weder ist die Ziffernzensur so aussagekräftig, daß sie ihrer Funktion als **Orientierungshilfe** und **Bericht** gerecht werden kann, noch dürfte sie in der **pädagogischen Funktion** ihre zentrale Bedeutung besitzen oder als

Instrument der Vergabe von **Berechtigungen** den Ansprüchen eines demokratischen Gemeinwesens entsprechen" (ZIEGENSPECK 1979, 45; Hervorhebungen nicht im Original).

In die gleiche Richtung geht die Kritik von INGENKAMP, wenn dieser konstatiert: "Tatsächlich konnte die Zensur keiner dieser Aufgaben gerecht werden. Ihr Fortbestand ist nur dadurch zu erklären, daß sie die am einfachsten und vielseitigsten handhabbare Beurteilungsform ist. Alle Alternativen fordern mehr Ausbildung und Aufwand" (INGENKAMP 1985a, 177).

Vor dem Hintergrund ungerechtfertigter Ansprüche, Erwartungen und Hoffnungen an die Zensurengebung bildet sich im Grunde die gesamte Problematik ihrer Fragwürdigkeit ab. Die globale, wenig aussagekräftige Zensur, deren Zustandekommen als ein Prozeß von Mängeln bezeichnet werden muß, versagt gerade in dem Bereich völlig, der für das schulische Lernen bzw. Weiterlernen entscheidend ist. Sinn von Verfahren zur Leistungsmessung ist vor allem eine aufklärende Rückwirkung auf die Lernenden; es soll mit Hilfe von Lernerfolgskontrollen herausgefunden werden, wie weitergelernt werden kann, welche Schwächen noch überwunden werden müssen, wie Lernprozesse entsprechend der weiter oben formulierten Lernzielstufen korrigiert, entwickelt oder verbessert werden können. Diese Funktion kann die Zensur überhaupt nicht erfüllen, sondern dazu sind erheblich differenziertere Beurteilungshilfen erforderlich, mit denen umfassendere Aussagen und genauere, vielschichtigere Leistungsbeschreibungen möglich würden.

Mit BRÜTTING läßt sich zusammenfassend konstatieren, "daß bei Berücksichtigung und kritischer Abwägung aller Argumente die Ziffernzensur nur von einer einzigen Funktion gekennzeichnet ist, die als gültig anerkannt werden kann: die Informationsverdichtungsfunktion in Form einer rationellen Informationsverschlüsselung" (BRÜTTING 1981, 195).[22]

5.1.3.2 Die Notengebung im Spiegel der Forschung - ein Mängelbericht

Wenn hier der Versuch gemacht wird, die vorliegenden Forschungsergebnisse zur Zensurenproblematik in einer kurzen Zusammenfassung überblickartig darzustellen, dann ist damit beabsichtigt, die Fragwürdigkeit der Beurteilung von Schülern mit dem Instrument der Notengebung zu belegen.

1. Fachspezifische Zensierung

In verschiedenen Unterrichtsfächern wird unterschiedlich streng zensiert. Tendenziell ließ sich nachweisen, daß in den Fächern besonders rigoros benotet wird, in denen die Leistungen mit Hilfe von schriftlichen Arbeiten überprüft werden, in denen die Schulleistungen quantifiziert werden können (z.B. Fehlerzahl in einer Mathematikarbeit oder in einem Diktat) und/oder in denen verbale Anforderungen hervortreten (ZIEGENSPECK 1979, 40).

Durch die unterschiedliche Härte in der Notengebung werden Unterrichtsfächer in unterschiedlichem Maße zu "Ausleseverfahren", und dieses um so stärker, je höher ihr Anteil an der Gesamtwochenstundenzahl ist. DE GROOT (1971) nahm entsprechend eine Unterteilung in drei Gruppen vor. Erstens: die stark selektiven sogenannten 'Hauptfächer'; zweitens: die nicht stark selektiven sogenannten 'Haupt- und Nebenfächer'; drittens: die Fächer (Sport, Kunst, Musik), die auf Selektionsentscheidungen (Versetzung, Übergänge u.a.m.) einen mehr als geringen Einfluß haben.

Es bedarf keiner tiefgreifenden Beweisführung, daß dieser übermäßige Einfluß bestimmter Fächer teilweise in einem deutlichen Widerspruch zu pädagogischen oder curricularen Zielsetzungen steht.

2. Lerngruppen- bzw. klassenbezogene Zensierung

Auf die Problematik des Bezugssystems wird in einer Reihe von Untersuchungen aufmerksam gemacht. Dabei stellt der klasseninterne Bezugsmaßstab[23] die wichtigste Grundlage zur Leistungsbewertung dar. "Die Lehrer verteilen die Zensuren in ihrer Klasse nach dem von ihnen für richtig gehaltenen Schlüssel, ohne hinreichende Informationen über den Leistungsstand ihrer Klasse im Vergleich zu dem anderer Klassen zu besitzen. Das führt dazu, daß die nach objektiven Vergleichstest gleiche Leistung in der einen Klasse mit '1', in der anderen Klasse mit '6' beurteilt werden kann" (INGENKAMP 1985a, 179).

Der lerngruppenbezogene Beurteilungsmaßstab macht es besonders problematisch, über den Schulerfolg in der eigenen Klasse hinaus gültige Voraussagen treffen zu wollen bzw. zu müssen. Weder als Zeugnis der 4. Grundschulklasse noch der 6. Klasse der Orientierungsstufe (bzw. Förderstufe, sechsjährige Grundschule u.ä.) ist dieses Beurteilungsinstrument geeignet, Schulerfolg in den weiterführenden Schulen zu prognostizieren (vgl. INGENKAMP 1972, JÜRGENS 1989; 1991). Vergleichbares läßt sich zum Studiererfolg auf der Grundlage der Abiturnoten bzw. zum Berufserfolg auf der Grundlage von Hochschulzeugnissen feststellen.

Fazit: Der prognostische Wert von Zensuren ist als gering einzuschätzen.

3. Geschlechtsspezifische Zensierung

Es kann als gesichert angesehen werden, daß Mädchen - zumindest in der Grundschule - bessere Zensuren erhalten, als es ihrem in Tests erfaßbaren Leistungsverhalten entspricht (vgl. INGENKAMP 1972, BIERHOFF-ALFERMANN 1976). Insgesamt erhalten Mädchen bereits ab der Grundschule bessere Durchschnittszensuren als Jungen; eine Tendenz, die sich in den weiterführenden Schulen fortsetzt.[24]

4. Sozialschichtspezifische Zensierung

Die soziale Herkunftsschicht hat für die Notengebung eine nicht zu unterschätzende Auslöserfunktion für generelle Lehrerurteilstendenzen (Halo-Effekt). STEINKAMP stellte bei seiner Untersuchung von Hamburger Lehrerinnen und Lehrern fest, daß fast 30% der Befragten die Ansicht vertreten, "mangelnde Begabung [sei] für den geringen Anteil der Arbeiterkinder an den Universitäten der BRD ursächlich", und fragt in Anbetracht dieses Ergebnisses, "inwieweit in das Lehrerurteil über die Leistung eines Schülers eine aus seiner Schichtzugehörigkeit resultierende positive oder negative 'Differentialrente' mit eingeht" (STEINKAMP 1972, 71; 72).

Bei der Zensurengebung besteht zwischen sozialer Herkunft und familiärem Milieu einerseits und beurteiltem Lernverhalten andererseits ein nachweisbarer Zusammenhang, der häufig dazu führt, schulische Leistungen von Schülerinnen und Schülern aus sozial ungünstigen bzw. benachteiligten Lebensbereichen durchschnittlich schlechter zu benoten als Leistungen von Schülerinnen und Schülern aus eher gehobenen Sozialschichten. Eine derartige Benachteiligung scheint sich besonders im Sprachbereich bzw. in Unterrichtsfächern mit einem hohen sprachlichen Anteil niederzuschlagen (vgl. LATSCHA 1972, WOLF 1980).

5. Erwartungseffekte und implizite Beurteilungstheorien in der Notengebung

Mit Begriffen wie Vorurteil, Stereotyp und Erwartung sind weitere Faktoren genannt, die die Notengebung beeinflussen. Schon 1928 berichtet ZILLIG von einer Untersuchung, bei der die Diktathefte von Schülerinnen und Schülern mit unterschiedlicher Rechtschreibleistung überprüft wurden. Bei den 'guten' Schülerinnen/Schülern waren insgesamt 39%, bei den 'schlechten' Schülerinnen/Schülern aber nur 12% der Fehler übersehen worden.

Eine andere Untersuchung führte WEISS (1964) zu diesem Problemkreis durch. Er bat Lehrerinnen und Lehrer um die Benotung zweier Aufsätze von Schülerinnen bzw. Schülern. Dazu erhielten die Lehrerinnen und Lehrer folgende Zusatzinformationen: der erste Aufsatz stammte von einem durchschnittlichen Schüler (beide Eltern berufstätig; er liest gern Schundhefte); den zweiten Aufsatz hat ein Junge mit sprachlicher Begabung verfaßt (Vater Redakteur bei einer großen Tageszeitung). Ohne Wissen der Lehrerinnen und Lehrer wurde die Reihenfolge der Aufsätze vertauscht. Die Unterschiede in der Bewertung fielen (bis auf die Inhaltsbeurteilung) sehr signifikant zugunsten des Schülers aus, dem positive Eigenschaften zugeschrieben worden waren.

Über stereotype Beurteilungsprozesse klärt HÖHN (1967) in ihrer umfangreichen Studie zu 'guten' bzw. 'schlechten' Schülerinnen und Schülern auf. Sie deckt bedeutsame Zusammenhänge zwischen der Lehrerin- bzw. Lehrerpersönlichkeit, Schülerin- bzw. Schülerleistung und -charakter auf. Dafür verantwortlich dürften in besonderem Maße implizite Beurteilungs- bzw. Unterrichtstheorien von Lehrerinnen und Lehrern sein (vgl. HOFER 1969, JÜRGENS 1977, SCHWARZER/LANGE 1979, SCHLEE/WAHL 1987). Danach operieren Lehrerinnen und Lehrer mit vorgefaßten subjektiven Theorien (sog. 'Alltagstheorien') über Persönlichkeitsdimensionen (z.B. das Arbeitsverhalten oder die Begabung) und deren Beziehungen zueinander in allen Unterrichtsprozessen, so daß das Bild von sogenannten 'guten' oder 'schlechten' Schülerinnen und Schülern in die gesamte Lehrerin/Lehrer-Schülerin/Schüler-Interaktion einfließt, zu beträchtlichen Urteilsverzerrungen in der Notengebung führt und attributive Reaktionen der Lehrenden nach sich ziehen, die für den weiteren Schulerfolg der Schülerin und des Schülers von erheblicher Bedeutung sind. Hier sei beispielsweise nur auf Erwartungshaltungen hingewiesen, die sich mit der Zeit zu generellen Erfolgs- oder Mißerfolgserwartungen auf seiten der Lehrenden, aber auch auf seiten der Lernenden, der Mitschülerinnen und Mitschüler und der Eltern verfestigen können.[25]

Wenn man vor diesem Hintergrund das Spannungsfeld von Fördern und Auslesen betrachtet, drängt sich eine Gefahr besonders auf, die mit der Förderung lernschwacher bzw. lernschwieriger Schülerinnen und Schüler unmittelbar zusammenhängt. Ist nicht zu erwarten, daß Mißerfolgsprojektionen immer wieder von neuem den Prozeß der

Lernförderung belasten, oft mit der Folge, letztlich das Bild von der 'schlechten Schülerin' bzw. vom 'schlechten Schüler' zu stabilisieren?

Wie stark die Zensurengebung von Sympathie und Antipathie geprägt ist, wurde in verschiedenen Untersuchungen belegt. Schülerinnen und Schüler, die bei Lehrerinnen und Lehrern und bei den Mitschülerinnen und Mitschülern als beliebt gelten, erhalten durchschnittlich bessere Zensuren (vgl. HADLEY 1977, PETILLON 1978).

Zusammenfassend kann auf der Grundlage der genannten und weiterer Untersuchungen gesagt werden, daß die Zensuren weder in ausreichendem Maße Objektivität (Durchführungs- und Auswertungsobjektivität) noch Reliabilität und Validität beanspruchen können und "weder die pädagogischen noch gesellschaftlichen Aufgaben der Leistungskontrolle mit der heute möglichen Genauigkeit und Güte erfüllen können" (INGENKAMP 1985a, 179).

Der Prozeß der Notengebung muß damit als Schätzverfahren und die Zensur als subjektives Schätzurteil auf vorwissenschaftlichem Niveau bezeichnet werden.[26] Das eigentliche Meßinstrument ist nicht die vorgegebene Zensurenskala, sondern die jeweils urteilende Lehrkraft. Als pädagogische Hilfe zur individuellen Lernförderung und Verbesserung von Lernprozessen sind Zensuren mehr als fragwürdig und problematisch. Für didaktische, curriculare Entscheidungen bedarf es unbedingt der Ergänzung durch differenziertere Beurteilungsformen.[27]

5.1.4 Die pädagogische Dimension der Leistungsbewertung

Die Ausführungen zu den Funktionen der Leistungsmessung und -bewertung einerseits und der Notengebung andererseits haben anschaulich machen können, wie unzureichend und im höchsten Maße problematisch Zensuren für die unmittelbare bzw. mittelbare Bewältigung schulischer Lehr-/Lernprozesse sind. Die praktische Handhabung der Leistungsbewertung mit Hilfe der Zensurenskala bedarf dringend einer kritischen Überprüfung, damit wünschenswerte und notwendig erscheinende Veränderungen und Verbesserungen durchgeführt werden können. Dennoch werden Leistungsbewertung und Notengebung die größten Probleme der Schule bleiben, schon allein deshalb, weil die Wahrnehmung gesellschaftlicher Aufgaben durch das gegenwärtige Schulsystem Bedingungen vorgibt, denen sich die Lehrerinnen und Lehrer nicht entziehen können. Es besteht eine Pflicht zur Beurteilung von Schülerinnen- und Schülerleistungen eben auch unter Heranziehung der Zensurenskala (vgl. KULTUSMINISTERKONFERENZ 1968) und damit einhergehend die Verpflichtung, die Leistungsbewertung und Notengebung so sachlich, objektiv und gerecht wie irgend möglich durchzuführen, wenn schon Zensuren eine so große Bedeutung hinsichtlich Selektion und Allokation zukommt.[28]

Allerdings geht es in den bisherigen Bemühungen der Wissenschaft vorrangig um eine revidierte und modifizierte Leistungsmessung und -beurteilung, insbesondere durch die Verwissenschaftlichung des Beurteilungsprozesses (u.a. durch den Einsatz objektivierter Meß- und Beurteilungsverfahren[29]), weniger um die Suche nach Alternativen zur Notengebung. Da mit ihrer generellen Abschaffung in absehbarer Zukunft nicht zu rechnen ist, kann man gegenwärtig lediglich versuchen, diese in ihrer oft negativen Wirkung sowohl pädagogisch als auch gesellschaftlich zu entschärfen. Unter der Prämisse, der pädagogischen Funktion von Unterricht und Schule eine unbedingte Priorität vor allen weiteren Aufgabenstellung einzuräumen, lassen sich zumindest zwei Grundprinzipien herausarbeiten, unter denen schulische Leistungsforderungen und -bewältigungen sowie -kontrollen und -bewertungen erfolgen sollten.

1. Leistungsbeurteilungen dürfen Lernen nicht behindern oder gar verhindern, sondern müssen es unterstützen. Deshalb dürfen sie nicht zur *Disziplinierung* mißliebiger Schülerinnen und Schüler ausgenutzt werden, sondern sollen der *Anerkennung* und *Ermutigung* förderlich sein. In einer repressiven Erziehung, in der Leistungsbeurteilungen insbesondere in Form von Zensuren als Disziplinierungsmittel herangezogen werden, liegt die große Gefahr, daß die für Leistungsvollzüge nötige Anstrengungsbereitschaft und sachorientierte Motivation vollständig verlorengeht. Leistungsbeurteilungen stehen immer im pädagogischen Bemühen, die gesamt-

persönliche Entfaltung des Individuums zu ermöglichen und zu fördern. Angst, Herabsetzung, Diskriminierung, Zwang wirken negativ, im Gegensatz zu Erfolgsbestätigung, Lob, Selbstvertrauen, Ermunterung, Zustimmung.

2. Schulisches Lernen steht nicht dauernd im Zusammenhang mit Leistungsforderungen und -beurteilungen. Wer Lernen nur unter dem Aspekt von (kontrollierbarer) Leistung versteht, verkürzt die Schule auf permanenten Leistungsvollzug. Es ist HÄRLE uneingeschränkt zuzustimmen, wenn er fordert, daß die Gleichung *Lernen = Leistung* nicht überall im Unterricht gelten kann und die Schule "zu der Ruhe und Besinnung finden [muß], in der der Sinn des Lebens und andere wichtige Lebensfragen bedacht werden können. Diese Aufgabe hat mit Prüfungen und Auslese nichts zu tun" (HÄRLE 1982, 55).

5.2 Verfahren und Formen der Pädagogischen Diagnostik zur Leistungsmessung und -bewertung

Die vorliegenden Verfahren zur Messung, Kontrolle und Bewertung von Schülerinnen- und Schülerverhalten unterscheiden sich sowohl nach der Aufgabenstellung in der Meßqualität, dem Anspruchsniveau, dem Bearbeitungsmodus als auch nach den Beurteilungskriterien, dem Differenzierungsgrad u.a.

Generell läßt sich zwischen schriftlichen und mündlichen Lernerfolgskontrollen unterscheiden. Intention bei der nachfolgenden Darstellung ist es, die Problematik traditioneller Verfahren (schriftliche Klassenarbeiten als häufigstes Mittel) zur Erfassung und Rückmeldung schulischen Lernens aufzuzeigen, über alternative bzw. ergänzende Verfahren (Schultests) zu berichten, kritische Anmerkungen zu diesen aufzugreifen und zu diskutieren.

5.2.1 Schriftliche Klassenarbeiten

Leistungsmessung im Sinne von Leistungsfeststellung als sogenannte 'Lernkontrolle' bzw. 'Lernerfolgskontrolle' findet tagtäglich in der Schule in schriftlichen und mündlichen Formen statt. "'Klassenarbeit' ist die Bezeichnung für schriftliche Überprüfungen der Ergebnisse schulischer Lernprozesse. Diese Überprüfung wird zur Erhöhung der Objektivität und zur Verhinderung von Täuschungen in mehr oder weniger standardisierter Form durchgeführt, für die meist folgende Merkmale charakteristisch sind: Festsetzung des Prüfungstermins und häufig auch der Arbeitszeit, Vorgabe einheitlicher oder auf wenige Wahlmöglichkeiten beschränkter Aufgabenstellungen, Festlegung erlaubter Hilfsmittel, Arbeit unter Aufsicht" (INGENKAMP 1985a, 187).

Schriftliche Klassenarbeiten stellen trotz erwiesener Mängel (sie können den Anforderungen der Objektivität, der Zuverlässigkeit und der Gültigkeit nur sehr unzulänglich gerecht werden) im schulischen Alltag das häufigste und entscheidende Verfahren der Leistungsbeurteilung dar.[30] Als Gründe für die mangelnde Meßqualität der schriftlichen Klassenarbeiten lassen sich auf der Grundlage bisher vorliegender Forschungen nennen:

1. Klassenarbeiten werden nicht nach meßtheoretisch anspruchsvollen Kriterien entwickelt, sondern entstehen - zumeist spontan - auf der Grundlage vorhandenen Praktikerwissens, das nur teilweise von wissenschaftlichen Erkenntnissen geleitet ist.

2. In der Schulpädagogik und in der Didaktik bzw. Fachdidaktik werden die Grundlagen und Prinzipien der Pädagogischen Diagnostik unterbewertet. Die Schwächen schriftlicher Klassenarbeiten werden für die Erfassung von Lernvoraussetzungen und Lernverläufen bzw. -ergebnissen immer noch zu wenig beachtet. Dieses Verhalten führt weiterhin zur Vernachlässigung differenzierterer Diagnoseinstrumente.

3. Die Ausbildung der Lehrerinnen und Lehrer auf dem Gebiet der Pädagogischen Diagnostik, insbesondere hinsichtlich schulischer Test- und Beobachtungsverfahren, war bisher defizitär (vgl. JÜRGENS 1983); daran hat sich vermutlich wenig geändert, obwohl beispielsweise kriteriumsbezogene Tests (vgl. Kapitel 5.2.3.3) Bestandteile prozeßorientierter Didaktikmodelle sind (vgl. SCHWARZER/LANGE 1979).

Für die Zukunft wird es nicht um die Abschaffung der schriftlichen Klassenarbeiten gehen, wohl aber um deren bessere pädagogische Einpassung in den gesamten Lehr-/Lernprozeß als Hilfen einer unterrichtsbegleitenden Diagnostik. Dazu scheinen Veränderungen angebracht. Teilweise wird man als Ersatz oder als Ergänzung auf Schultests zurückgreifen können.

5.2.2 Mündliche Lernerfolgskontrolle

Neben der Erfassung mündlich vorgetragener Lernergebnisse bietet gerade dieses Verfahren die Möglichkeit, durch aufmerksame Beobachtung des Lernverhaltens Leistungen von Schülerinnen und Schülern zu erfassen, die bei der Erarbeitung eines neuen Stoffes, beim Problemlösen, beim Interpretieren, beim Formulieren von Vorschlägen und Vermutungen u.v.m. hervorgebracht werden.

"Mündliche Prüfungen sind Erfolgskontrollen von Wissen und Fertigkeiten, bei denen auf die Schriftform verzichtet wird. Mündliche Prüfungen können sich sowohl a) auf sprachgebundene Leistungen beziehen als auch b) Wissen und Verständnis aus allen möglichen Bereichen erfassen. [...] Mündliche Prüfungen werden durchgeführt a) als formelle Prüfungen, wobei sie besonders in Abschlußprüfungen ein besonderes Gewicht bekommen, oder b) als informelle Prüfungen im laufenden Unterricht, wobei der Lehrende vor allem erkennen will, ob der bisherige Unterrichtserfolg ein Weitergehen ermöglicht" (INGENKAMP 1985a, 191).

Leistungsbeurteilungen, die überwiegend oder ausschließlich auf schriftlichen Lernkontrollen beruhen, sind unvollständig und einseitig, weil dadurch wesentliche Aspekte der Leistungsstruktur einer Schülerin bzw. eines Schülers 'unter den Tisch zu fallen' drohen, was sowohl gegenüber den Lernenden ungerecht als auch für die Organisation differentialdidaktischer Lernprozesse nachteilig wäre. Sicherlich wird keine Lehrerin und auch kein Lehrer behaupten, mündlich erbrachte Leistungen völlig unbeachtet zu lassen, wenn es um schulische Beurteilungsprozesse geht. Allerdings verlassen sich Lehrerinnen und Lehrer zumeist auf allgemeine (Gelegenheits-)Beobachtungen, die sie beispielsweise vor Zeugnisterminen zu Globalurteilen unzulässigerweise zusammenfassen, wobei sie sich nur allzu oft auf ihre langjährige 'Erfahrung', ihr gutes Gedächtnis oder ihr ausgeprägtes Urteilsvermögen berufen. Wie kann diese Situation verbessert werden?

Bevor über Wege nachgedacht wird, die die Erfassung mündlicher Leistungen ermöglichen, sollen zunächst einige Aussagen darüber gemacht werden, was überhaupt Gegenstand mündlicher Beurteilungen sein kann.
Im Unterricht können Betrachtungen zu zwei Bereichen gemacht werden (vgl. JÜRGENS 1990):

1. **Kognitive Merkmale**

    Darunter fallen unter anderem Beobachtungen zur *Auffassungsgabe/Produktivität* (z.B. die Schülerin/der Schüler gelangt bei unbekannten Aufgaben zügig zum Kern des Problems, bringt neue Ideen in den Unterricht ein, ist in der Lage, alternative Lösungen zu wagen, zeigt sich Neuem gegenüber aufgeschlossen und entwickelt Initiative etc.) und zu *abstrahierendem Denken/Transfervermögen/Kreativität* (z.B. die Schülerin/der Schüler ist fähig, bei Aufgaben das Wesentliche vom Unwesentlichen zu unterscheiden, zeigt sich gewachsen, bekannte Lerninhalte/-situationen auf neue zu übertragen, versucht, über die konkrete Realität hinaus Überlegungen anzustellen etc.)

Diese in sehr verschiedenen Facetten der mündlichen Mitarbeit und Beteiligung zutagetretenden Verhaltensaspekte können beispielsweise in Gesprächsbeiträgen, in der erläuternden Darstellung von experimentellen Planungen, Durchführungen und Auswertungen, in der Skizzierung von Lösungswegen (lautes Denken), in der zusammenfassenden Wiederholung, im Abfragen von Kenntnissen etc. beobachtet werden.

2. Nichtkognitive Merkmale

Die mündliche Bewertung kann sich in diesem Bereich auf Aspekte beziehen wie *Selbständigkeit/selbständiges Arbeiten* (z.B. die Schülerin/der Schüler erledigt seine/ihre Aufgaben unabhängig von Verstärkungen und Rückmeldungen anderer, ist nicht ständig auf Hilfen anderer angewiesen, versucht, Lösungen von unterrichtlichen Inhalten selbständig zu planen, durchzuführen und auszuwerten, kann sich selbst Ziele setzen etc.), *Lernwille/Durchhaltevermögen/Leistungsbereitschaft* (z.B. die Schülerin/der Schüler ist bemüht, Aufgaben vollständig zu erledigen, wenn die Lösung einer Aufgabe/eines Problems nicht auf Anhieb gelingt, entmutigt dieses sie/ihn nicht, ist in der Lage, über längere Zeit konzentriert zu arbeiten etc.), *Lerninteresse/Neugierverhalten* (z.B. die Schülerin/der Schüler ergreift die Initiative bei der Bewältigung und Darstellung von Aufgaben, bringt neue Ideen in den Unterricht ein, ist in der Lage, alternative Lösungen zu wagen, vertraut den eigenen Fähigkeiten, ist neugierig auf unbekannte und/oder schwierige Aufgaben etc.), *Fähigkeit zur Kommunikation/Interaktion/Kooperation* (z.B. die Schülerin/der Schüler ist bereit, Aufgaben/Probleme/Konflikte in Gemeinschaft mit anderen zu lösen, läßt sich helfen und ist bereit, Hilfe zu geben, arbeitet gern mit anderen in Partner- und Gruppenarbeit zusammen und ist imstande, anderen zuzuhören und auf sie einzugehen etc.)
Diese sich im Arbeits- und Sozialverhalten niederschlagenden Ausdrucks- und Handlungsformen von Schülerinnen und Schülern lassen sich im schulischen Lerngeschehen in einer Vielzahl unterschiedlicher Lernsituationen beobachten. Dafür wird die Beobachtungsbreite allerdings maßgeblich von dem didaktischen Vorgehen

der einzelnen Lehrkraft bestimmt. Das infrage kommende Schülerverhalten wird um so vielfältiger sein, je variantenreicher die Lehr-/Lernmethoden, die Lehr-/Lernverfahren und die Lehr-/Lerninhalte unterrichtlich gestaltet sind. Wer seinen Unterricht vorwiegend lehrerzentriert und einseitig kognitiv aufbaut, darf sich nicht wundern, wenn er eine Reihe der dargestellten Verhaltensweisen nicht beobachten kann. Ursache dafür ist dann nicht, daß Schülerinnen und Schüler nicht in der Lage wären, entsprechendes Arbeits- und Sozialverhalten auszubilden, sondern die methodische Monostruktur der alltäglichen Unterrichtspraxis.

Die Bewertung mündlicher Leistungen setzt voraus, daß diese angemessen, d.h. kontrolliert, erfaßt und dokumentiert werden. Damit gewinnt die (systematische) Beobachtung an Bedeutung. Diese Art der Informationserhebung hat traditionell einen wichtigen Platz in der Pädagogischen Diagnostik. ROSEMANN bezeichnet sie sogar als "die Hauptmethode der pädagogischen Beurteilungstätigkeit" (1975, 88), da Lehrerinnen und Lehrer ohne Beobachtung der Schülerinnen und Schüler ihre Tätigkeit nur unzureichend ausfüllen können. Die Beobachtung unterliegt den gleichen individuellen Mechanismen wie jeder andere Wahrnehmungsprozeß. Daraus ergeben sich Probleme der Reliabilität, Validität und Objektivität des Verfahrens (vgl. BIRKEL 1978).

Die Beobachtungsverfahren in der Schule bewegen sich zwischen den Polen *unsystematisch* und *systematisch*. Charakteristisch für die systematische Beobachtungsform sind Ziel- und Zweckgebundenheit, Planung und Kontrolle. Außerdem sind die Beobachtungsdauer und der Zeitpunkt festgelegt. Demgegenüber fallen unter die unsystematische Kategorie sogenannte 'intuitive Personenwahrnehmungsvorgänge' und gelegentliche, zufällig ausgewählte Beobachtungen (vgl. JÜRGENS 1983, 48 ff.) Die meisten im alltäglichen Unterricht stattfindenden Verhaltensbeobachtungen fallen in diesen Bereich.

Um nun den beobachtenden und beurteilenden Lehrerinnen und Lehrern für die Praxis der mündlichen Leistungsfeststellung und -bewertung einen Handlungsrahmen zu geben, gibt es drei Möglichkeiten, die helfen sollen, von überwiegend wahllosen, unwillkürlich sich ergebenden Beobachtungen zu 'systematischeren' Verfahren zu gelangen.

1. **Beobachtung in besonderen Situationen**

   Besondere Anlässe oder Ereignisse (z.B. aggressives, dominantes Verhalten einer Schülerin/eines Schülers beim gemeinschaftlichen Arbeiten) werden zum Gegenstand von Beobachtungsprozessen gemacht, um auf diesem Weg genauere Informationen zum Arbeits- und Sozialverhalten von Schülerinnen bzw. Schülern zu erhalten. Für die Suche nach Erklärungen (Ursachen) für ein besonders interessierendes Schülerverhalten ist es unerläßlich, das situative Unterrichtsgeschehen präzise zu beobachten und zu beschreiben.

2. **Zeitlich aufgeteilte Beobachtungsabläufe**

   Dieser Beobachtungsform liegt ein Plan zugrunde, mit dessen Hilfe die folgenden Entscheidungen getroffen werden:

   - die Beobachtungsdauer (das ist die Zeit, die für eine einzelne Beobachtung von Schülerverhalten geplant wird, zum Beispiel eine Viertel-, eine halbe oder eine volle Unterrichtsstunde),
   - die Beobachtungshäufigkeit (das betrifft auch den zeitlichen Abstand zwischen zwei Beobachtungsterminen, zum Beispiel an einem Tag nur einmal während einer Deutschstunde oder zweimal während einer Deutsch- und einer Mathematikstunde),
   - der Beobachtungszeitraum (z.B. eine Woche oder einen Monat lang).

Diese Form ist besonders gut geeignet, um *längerfristigen* Entwicklungen nachzuspüren. Mit der Festlegung auf geplante Beobachtungssequenzen ist es der Lehrerin bzw. dem Lehrer möglich, das aus bestimmten Gründen interessierende Schülerverhalten über einen längeren Zeitabschnitt gezielt und gründlich zu erfassen.

3. Beobachtung in vergleichbaren Situationen

Diese Beobachtungsform findet Anwendung in 'wiederholbaren' Situationen, zum Beispiel Beobachtung von Schülerinnen und Schülern ausschließlich in experimentellen Vorgängen oder in Phasen selbständigen Arbeitens.

Der Einsatz von Beobachtungsrastern, -schemata oder -bogen, die auch schulintern beispielsweise in Fachkonferenzen erstellt werden können, wird sich immer dann als sinnvoll erweisen, wenn die Beobachtungen *systematisch* erfolgen (vgl. JÜRGENS 1983; 1991), und nur dann werden Lehrerinnen und Lehrer ein differenziertes Bild vom Lernverhalten ihrer Schülerinnen und Schüler gewinnen. Das kann dann wiederum Grundlage für weiteres pädagogisches Handeln sein, zum Beispiel in den Bereichen Beratung, Förderung etc., oder aber auch Ansatzpunkt für die Gestaltung und Planung des eigenen Unterrichts.
Für diese Aufgabe eignet sich auch der Merkmalsbogen zur Lernverhaltensbeschreibung (MBL) von JÜRGENS (1990), mit dem sich individuelle Schülerprofile erstellen lassen, die sich allerdings nicht ausschließlich auf mündliche Lernprozesse beziehen.

Abschließend sollen zwei Beispiele zur Erfassung und Beurteilung mündlicher Leistungen vorgestellt und kurz erörtert werden. Die hierbei aufgezeigten Wege können und sollen nur eine Anregung für die eigene Unterrichtstätigkeit bieten, denn die alltägliche Arbeit in der Schulpraxis wird zeigen, daß ein ständiges Überdenken und Weiterentwickeln derartiger Verfahren unabweislich ist.

Der Beobachtungsbogen

Mit diagnostischen Hilfsmitteln wie Beobachtungsbogen kann das Verhalten von Schülerinnen und Schülern fächerübergreifend und/oder fachspezifisch erfaßt werden. Grundsätzlich gilt, daß das ausgewählte Instrument nur das bewirken kann, was die ihm zugrundeliegende Struktur der Beobachtungskategorien zu leisten imstande ist. Die Auswahl der Beobachtungskriterien und deren Gruppierung bestimmen also in hohem Maße die innere Logik der zur Anwendung kommenden Beobachtungs- und Bewertungshilfen.

Auf der Basis der weiter oben herausgearbeiteten Komplexe könnte ein Beobachtungsbogen so aussehen, wie auf der nächsten Seite.

Der dargelegte Beobachtungsbogen kann als ein pragmatisches Instrument betrachtet werden, das Lehrerinnen und Lehrern ermöglicht, unterrichtsrelevante Aspekte des Denk-, Arbeits- und Sozialverhaltens zu erfassen, indem es Antworten geben kann auf folgende Fragen:

- Welches Verhalten (Beobachtungsgegenstand) tritt in welcher Unterrichtssituation (Beobachtungsverlauf) auf?
- Wann wird beobachtet (Beobachtungszeitpunkt)?
- In welchem Unterrichtsfach erfolgt die Verhaltensbeobachtung?

Die Bewertung des situativen Lernverhaltens mit Hilfe von Ausprägungsgraden (+ +, +, o, -, --) kann, muß aber nicht, praktiziert werden. Die Skalen können eine wichtige Hilfestellung geben, wenn Entwicklungs- und Lernfortschritte über einen längeren Zeitraum differenziert diagnostiziert werden sollen. Für die Lehrkraft stellen dann die Ausprägungen Orientierungspunkte zur Einschätzung individuumbezogener Lernausgangslagen dar und lassen Rückschlüsse hinsichtlich der Wirksamkeit eingesetzter Lernhilfen und -korrekturen zu.

SCHÜLERBEOBACHTUNGSBOGEN

Name:		Klasse:		Fach:	
Beobachtungskategorien		Beobachtetes Verhalten (kurze situative Beschreibung)		Merkmalsausprägung + + + o - --	Datum der Beobachtung
Auffassungsgabe/Produktivität					
- bringt neue Ideen in den Unterricht ein					
- zeigt sich Neuem gegenüber aufgeschlossen					
- ...					
Abstrahierendes Denken/Transfervermögen/Kreativität					
- unterscheidet bei Aufgaben das Wesentliche vom Unwesentlichen					
- kann bekannte Lerninhalte auf neue übertragen					
- ...					
Selbständigkeit/selbständiges Arbeiten					
- erledigt Aufgaben unabhängig von Verstärkungen und Rückmeldungen anderer					
- kann sich selbst Ziele setzen					
- ...					
Lernwille/Durchhaltevermögen/Leistungsbereitschaft					
- bemüht sich, Aufgaben vollständig zu erledigen					
- arbeitet auch über längere Zeit konzentriert					
- ist nicht entmutigt, wenn die Lösung eines Problems nicht auf Anhieb gelingt					
- ...					
Lerninteresse/Neugierverhalten					
- bringt neue Ideen in den Unterricht ein					
- ist neugierig auf unbekannte und/oder schwierige Aufgaben					
- ...					
Fähigkeit zur Kommunikation/Interaktion/Kooperation					
- arbeitet gerne mit anderen in Partner- oder Gruppenarbeit zusammen					
- läßt sich helfen und ist bereit, Hilfe zu geben					
- ...					

Zeichenerklärung:
Das Verhalten ist (++) deutlich, (+) weitgehend, (0) mittelmäßig, (-) weniger oder (--) nicht ausgeprägt.

Der vorgeschlagene Beobachtungsbogen fordert zur Fortschreibung und Veränderung auf. Da derartige Hilfsmittel fächerübergreifend oder fachspezifsich angewendet werden können, müssen sie entsprechend ihrer Zielstellung spezifiziert und interpretiert werden.
Gleiches gilt für die schulform- bzw. schulartbezogene Zuordnung. Für den Einsatz in der Grundschule muß solch ein Instrument anders strukturiert sein und auch andere inhaltliche Schwerpunkte enthalten, als wenn es in einer Schulform des Sekundarbereiches verwendet werden soll.
Es ist deshalb im Gesamtkollegium, in der Fachkonferenz, in der Klassenkonferenz etc. Konsens darüber herzustellen, mit welchen Kategorien und anhand welcher konkretisierten Merkmale das Lernverhalten von Schülerinnen und Schülern beobachtet und beurteilt werden soll. Auf jeden Fall scheint es wichtig, daß die verwendeten Beobachtungshilfen das Ergebnis gründlicher Beratungen in den entsprechenden schulischen Gremien sind, damit ihre Anwendung eine breite Zustimmung erfährt.

Wenn auch der beurteilende Charakter beim Beobachtungsbogen hinter dem verhaltensbeschreibenden Charakter zurückstehen soll, ist es dennoch unstrittig, daß es gleichwohl ein Beurteilungsverfahren ist. Beurteilung ist ein innerindividueller Prozeß, bei dem der selektiv wahrgenommene Beobachtungsaspekt verknüpft wird mit den subjektiven Wertungen (Vorurteile, Ideologien, Wertvorstellungen, Einstellungen, Spekulationen, Hoffnungen etc.) des oder der Beobachtenden. Damit werden Beobachtungs- und Beurteilungsfehler wirksam, die die Wahrnehmungs- und Urteilsprozesse mehr oder weniger stark verzerren. Zu nennen sind in diesem Zusammenhang die bekanntesten Fehlerquellen (vgl. INGENKAMP 1975, KLEBER 1976, LANGHORST 1984): zentrale Tendenz, Extremtendenz, Mildeeffekt, Strengeeffekt, Referenzfehler, Verknüpfungstendenz, die den Halo-Effekt und den logischen Fehler impliziert, die Mittelwerttendenz und die Streuungstendenz. Alle diese systematischen Urteilstendenzen, für die bis heute keine allgemein verbindliche Klassifikation vorliegt, gehen ein in Beobachtungs- und Beurteilungsprozesse.

Am wirksamsten läßt sich den vorhandenen Beurteilungsfehlern bzw. Störfaktoren begegnen, wenn die angewandte Beobachtungsmethode der systematischen Form möglichst nahe kommt, die Beobachterin bzw. der Beobachter immer eine selbstkritische Distanz zu bewahren versucht und sich deshalb hin und wieder die Frage stellt, ob seine Beobachtungen und Beurteilungen nicht vorurteilsbehaftet sind, wobei der Informationsaustausch mit anderen Kolleginnen und Kollegen eine wichtige Hilfe leistet. Auch gegenseitige Hospitationen und Team-Teaching sind diesem Zweck dienlich.
Außerdem: Ohne Aus- und Fortbildung könen differenzierte Beobachtungs- und Beurteilungsverfahren nicht sachangemessen eingesetzt werden. Der Einsatz dieser Verfahren macht eine spezielle Vorbereitung notwendig.

Bewertungsbogen für das Fach Deutsch

Der von OWCZARSKI (1991) im Rahmen einer Monographie *(Mündliche Leistungen und ihre Bewertung in der Realschule)* vorgelegte 'Bewertungsbogen' gliedert sich in fächerübergreife und fachbezogene Leistungen. Die fächerübergreifenden Leistungen sollen mit den Kategorien Arbeitsverhalten (A) und Ordnungsrahmen (B) erfaßt werden. Fachspezifische Kriterien werden mit den Kategorien C, D und E angesprochen, und zwar differenziert und strukturiert nach der inhaltlichen Gestaltung des Unterrichts. Insbesondere die Kategorie C ist mit ihren Merkmalen auf eine problemorientierte Vorgehensweise zugeschnitten.

Zur Handhabung des Bewertungsbogen werden die folgenden Angaben gemacht:
"Die Bewertungssymbole (+/o/-) geben nur Tendenzen und keine mündliche Teilzensur an. Die Symbole müssen am Ende einer Unterrichtseinheit gewichtet werden. Die ausschließliche Addition der Symbole zur Ermittlung einer Note entfällt, da die rein rechnerische Ermittlung der Schülerpersönlichkeit nicht gerecht wird. Die Bewertungssymbole sind lediglich rationelle und zweckmäßige Hilfsmittel bei der Festlegung einer Note und entlassen die Lehrerin/den Lehrer keinesfalls aus [ihrer/]seiner pädagogischen Verantwortung.

Es ist auch möglich, die Bewertungssymbole stärker zu differenzieren (z.B. ++ oder --). Die Notierungen können sich entweder auf die einzelnen Bereiche A/B/C/D/E oder aber auf die einzelnen Untergruppierungen (z.B. Spalte C: +a) beziehen.
Im Laufe einer Unterrichtseinheit sollte jede Schülerin und jeder Schüler gezielt beobachtet werden. Die Notierungen können je nach Situation vorgenommen werden (z.B. in Stillarbeitsphasen, in Gruppenarbeitsphasen, nach der Stunde oder nach mehreren Stunden)" (OWCZARSKI 1991, 36).

Bewertungsbogen für das Fach Deutsch/mündliche Leistungen

Fach: Deutsch Klasse:		Unterrichtseinheit:		1. 2.	
	A	B	C	D	E
Bemerkungen	Arbeitsverhalten	Ordnungsrahmen	Erwerben des neuen Lerngegenstandes	Erworbenes verfügbar machen	Erworbenes anwenden können
	a) fachgerechte Mitarbeit b) Ausdauer, Konzentration c) Informationsbeschaffung und -verarbeitung d) Fähigkeit zur Zusammenarbeit	a) Mappen- und Heftführung b) Hausaufgaben	a) Vermutungen anstellen b) Analysieren c) Lösungsvorschläge machen d) Lösungsverfahren entwickeln e) Ergebnisse formulieren	a) Lesen b) Erzählen/Vortragen c) Fachbegriffe kennen d) Gespräche mitgestalten/Argumentieren/Informieren e) Grammatische Strukturen kennen f) Kategorien der Textanalyse kennen	a) Analyse und Interpretation von Texten b) Erfassen und Interpretieren sprachlicher Strukturen c) Funktion und Wirkung von Sprache verstehen
Namen					
1.					
2.					
3.					

Mit dem Bewertungsbogen für die Beobachtung und Beurteilung mündlicher Leistungen im Fach Deutsch wird ein Beispiel gegeben, wie mündliche Leistungen differentialdiagnostisch und nicht aufgrund eines mehr oder weniger vagen Gesamteindrucks erfaßt werden können. Es werden Kriterien vorgelegt, die es vor dem Hintergrund eines problemorientiert angelegten didaktisch-methodischen Konzepts ermöglichen, prozessuale Leistungen, die in sprachlicher Form mündlich erbracht werden, eindeutig und vielförmig zu beobachten. Damit wird ein entscheidender Schritt gemacht, um mündliche Leistungen nicht weiterhin auf überwiegend punktuelle Reproduktionsleistungen zu beschränken.

Zusammenfassend gilt hier aber auch das, was schon zum Beobachtungsbogen gesagt wurde: ein derartiger Bogen soll vor allem Modell sein für eigenes Engagement und Eigenverantwortlichkeit sowie Anregung bieten. Dazu bietet der Bericht *Mündliche Leistungen und ihre Bewertung in der Realschule* (1991) für alle Unterrichtsfächer einen günstigen Ansatz.

5.2.3 Schulische Tests

5.2.3.1 Vorbemerkungen zum Einsatz von Tests

Aufgrund des weiter oben beschriebenen Sachverhalts, daß die konventionellen Verfahren der Leistungsmessung - zumal schriftliche Klassenarbeiten - den meßtheoretischen Gütekriterien der Objektivität, Validität und Reliabilität nicht gerecht werden, bemüht man sich in zunehmendem Maße, Tests zu entwickeln, mit denen Schulleistungen objektiver, zuverlässiger und gültiger erfaßt werden können.

Die Forderung nach objektiven Verfahren zur Leistungsmessung wird bereits im *Strukturplan für das Bildungswesen* (1970) erhoben, indem sogenannten Leistungstests für die Zukunft eine zunehmende Bedeutung vorhergesagt wird. Sie werden als notwendige Ergänzungen des Lehrerurteils eingeschätzt, um die Objektivität der Kontrolle und Beurteilung schulischer Leistungen zu erhöhen. Infolgedessen wurde die Entwicklung von Tests zur Erfassung von Fähigkeitsstrukturen und Lernleistungen vorangetrieben (vgl. STEPHAN 1978). Aber schon früh melden sich Erziehungswissenschaftlerinnen und -wissenschaftler zu Wort, die grundsätzliche Bedenken gegenüber einer Verwendung objektiver Testverfahren im Bereich der Schule vorbrachten. Wie INGENKAMP zusammenfassend in dieser Debatte über Sinn und Unsinn des Einsatzes von Tests prononciert hervorhebt, entbehrt die Forderung nach einer Neubewertung oder "Rehabiliation" des subjektiven Lehrerurteils (vgl. HANKE u.a. 1980, KRAPP/MANDL 1977) "oder gar die Anerkennung einer methodischen Überlegenheit im Vergleich zu objektiven Verfahren [...] der wissenschaftlichen Berechtigung" (INGENKAMP 1989, 81). Als Hauptargument führt er an, daß die zur Beweisführung herangezogene Literatur sich bei eingehender Prüfung als methodisch unangemessen und daher in den Befunden auch nicht stichhaltig zeigt.

Die Auseinandersetzung zwischen Testkritikerinnen und -kritikern und Testbefürworterinnen und -befürwortern scheint in den letzten Jahren etwas abgeflaut und insgesamt auf beiden Seiten einer moderateren Einstellung gewichen zu sein (vgl. SCHRÖDER 1990). Aber zwei Aspekte sind im Verlauf der widerstreitenden Diskussion besonders deutlich geworden. Erstens: Mit dem Einsatz von Tests geht es nicht um die Abschaffung oder um die Substitution des Lehrerurteils, sondern Tests stellen Hilfsmittel in der Leistungsmessung und -bewertung dar. Zweitens: Die pädagogischen Funktionen schulischer Beurteilungsprozesse verpflichten die Lehrerinnen und Lehrer gerade darauf, für die sich in der Schulpraxis stellenden diagnostischen Probleme die Verantwortung zu übernehmen. Jedoch können Tests der subjektiven Überschätzung des Lehrerurteils korrigierend entgegenwirken, was angesichts der Befunde über Fehlerquellen menschlicher Beurteilungen nur pädagogisch verantwortlich ist. Vor allem vor dem Hintergrund der Schule als gesellschaftliche Institution kommt bei Entscheidungen über die Vergabe von Zugängen und Berechtigungen der Verwendung von Testverfahren stärkere Bedeutung zu, da die Vergabe von Qualifikationen in höherem Maße nach objektiven Beurteilungen verlangen.

Der Begriff 'Test' wird in der Literatur und in der pädagogischen Praxis nicht einheitlich verwendet, so daß viele Prüfverfahren als Test bezeichnet werden. Mit INGENKAMP lassen sich im Rückgriff auf die Pädagogische Diagnostik Tests als Verfahren betrachten, "mit deren Hilfe eine Verhaltensstichprobe, die Voraussetzungen für oder Ergebnisse von Lernprozessen repräsentieren soll, möglichst vergleichbar, objektiv, zuverlässig und gültig gemessen und durch Lehrer oder Erzieher ausgewertet, interpretiert und für ihr pädagogisches Handeln nutzbar gemacht werden kann" (INGENKAMP 1985, 80). Tests sind demnach standardisierte Verfahren, mit deren Hilfe individuelle Sachverhalte nach vorgeschriebenen Regeln (möglichst) objektiv erfaßt werden sollen.

5.2.3.2 Klassifikation schulischer Tests

Um hier angesichts der zahlreichen Klassifizierungsvorschläge eine schnelle Orientierung zu ermöglichen, soll auf die von BRÜTTING zusammengestellte Ordnung schulischer Testverfahren zurückgegriffen werden, die dieser in Anlehnung an RAPP (1975) und GAUDE/TESCHNER (1973) in übersichtlicher Form vorgenommen hat.

- **"Standardisierte Schulleistungstests** als Meßverfahren zur Ermittlung des Standes von Kenntnissen, Fähigkeiten und Fertigkeiten von Schülern in einem Fach oder im gesamten erwarteten Leistungsvermögen einer bestimmten Schulstufe, uns bekannt als spezielle bzw. allgemeine Schulleistungstests;

- **Normarbeiten** als Testaufgaben, die sich auf die Überprüfung einer für eine bestimmte Unterrichtseinheit repräsentative Stichprobe wichtiger Lernziele beziehen und in ihrer äußeren Form sehr den herkömmlichen Klassenarbeiten ähneln;

- **fach- und gruppenspezifisch standardisierte Tests** als Konstruktionen von Testaufgaben, die für bestimmte Fächer und Jahrgangsstufen entsprechend der jeweils fachspezifisch als bedeutsam definierten Lernziele zusammengestellt werden;

- **lehrbuchbezogene Tests** als Verfahren, die die Funktion von Klassenarbeiten übernehmen sollen und von Schulbuchverlagen zu den einzelnen Lehr- und Arbeitsbüchern mitgeliefert werden;

- **informelle Tests** als Verfahren, um die Lernziele einer begrenzten Unterrichtseinheit zu überprüfen" (BRÜTTING 1981, 198).

Diese Testverfahren[31] können von der Lehrkraft selbst erstellt werden; sie sind an den bearbeiteten Lernzielen orientiert und enthalten strukturierte Aufgaben zu diesen Lernzielen. Zweck ist es, sowohl den Schülerinnen und Schülern als auch den Lehrerinnen und Lehrern Informationen darüber an die Hand zu geben, welche Lernziele erreicht wurden und welche nicht. Für das Streben nach Erhöhung der Objektivität und Rationalität schulischer Leistungsmessungen und -bewertungen stellt diese Testform einen alles in allem geeigneten Weg zur Informationsfeststellung im Sinne des zielerreichenden Lernens (mastery learning) dar, zumal an die Konstruktion vorgeblich keine besonders aufwendigen Voraussetzungen gebunden sind.

Weil informelle Tests im Grunde die einzigen 'objektivierten' Verfahren bezeichnen, die von der einzelnen Lehrkraft ohne Hilfe von außen entwickelt werden können (vgl. HENZE/NAUCK 1985, ULLRICH/WÖBCKE 1981), soll sich in den weiteren Ausführungen auf diesen Typ beschränkt werden.

5.2.3.3 Informelle Tests

5.2.3.3.1 Einige kritische Vorbemerkungen

Wenn der DEUTSCHE BILDUNGSRAT im *Strukturplan für das Bildungswesen* (1970) im Zusammenhang mit der grundlegenden Erörterung der Begriffe Lernziel und Lernzielkontrolle hervorhebt, daß der Aufbau von Curricula die Entwicklung von Lernzielen für jeden Lernbereich zur Vorbedingung hat, dann entspricht das zunächst der unumstrittenen Auffassung von Unterricht als ein inhaltlich (vor-)geplanter, methodisch und zeitlich strukturierter Lehr-/Lernprozeß, dem ausgewählte, begründete Lernziele zugrunde liegen. Jedoch geben die weiteren Aussagen Hinweise auf den direkten Bezug zwischen Lernzielen und ihrer Kontrollierbarkeit, indem festgestellt wird: "Diese Lernziele werden zeitlich und inhaltlich gestuft sein und eine Abfolge immer komplexerer Lernziele darstellen. Die Lernziele müssen heute auf allen Stufen eindeutiger bestimmt werden, so daß klar zum Ausdruck kommt, über welche Leistungs- und Denkformen ein Lernender am Ende einer Lerneinheit verfügen soll. Eine solche Operationalisierung der Lernziele erlaubt objektive Kontrollen" (DEUTSCHER BILDUNGSRAT 1970, 82).

Die geforderte präzise Ableitung und 'erschöpfende' Differenzierung von unterrichtlichen Lernzielen wird hier begründet mit einem allgemein vorausgesetzten Interesse an und der grundsätzlichen Möglichkeit zur Gestaltung und Durchführung objektiver Lernüberprüfungen. Grundvoraussetzung informeller Testverfahren ist also die Operationalisierung von Lernzielen, wobei schon an dieser Stelle zu fragen ist, ob diese Bedingung durchgängig für den Unterricht sinnvoll gelten kann und ob nicht damit von vornherein anspruchsvolle, sowohl allgemeine als auch fachdidaktische, komplexere, sich auf höheren Lernzielstufen befindliche Ziele ausgeklammert werden, weil sie sich nicht als erreichtes Lernverhalten am Ende einer Unterrichtssequenz bzw. -einheit durch 'objektive' Kontrollen abbilden lassen.
Diesem Einwand hat auch der DEUTSCHE BILDUNGSRAT (1970) gleich in mehrfacher Weise Rechnung zu tragen versucht und den unbedingten Objektivitätsanspruch schulischer Leistungsmessung entsprechend

abgeschwächt bzw. relativiert. Es wird nämlich eingeräumt, daß in jedem Lernbereich vermehrt höhere Lernziele an Gewicht gewinnen werden, "die weder einfach zu operationalisieren noch auf einfache Weise zu kontrollieren sind" (DEUTSCHER BILDUNGSRAT 1970, 82), und an anderer Stelle heißt es: "Lernzielkontrollen dürfen deshalb nicht darauf beschränkt werden, Wissen, Denken und Urteilen zu überprüfen, sondern müssen ebenso Hinwendung, Motivation, Interesse, freiwillige und selbständige Mitarbeit erfassen. [...] Höhere Lernleistungen wie Initiative, Kontinuität, Produktivität und Kritikfähigkeit sind ohne intensive Lernmotivierung und ohne eigenes Interesse undenkbar. Würden diese Leistungen nicht in die Leitlinien für Leistungen *und Leistungskontrollen* einbezogen, würde auch der Motor unberücksichtigt bleiben, der Leistungen bestimmt" (DEUTSCHER BILDUNGSRAT 1970, 86; Hervorhebung nicht im Original).

Eine vernünftige Lernzieloperationalisierung hat sicher begründete Vorteile für die Unterrichtsdurchführung und -kontrolle. Erst die Lernzieloperationalisierung verschafft oft die erforderliche Klarheit und angestrebte Strukturierung unterrichtlicher Zielsetzungen. Ohne Zweifel zeigt sich darin der enge Zusammenhang zwischen Lernzielen und Lernzielkontrolle. Jedoch kann das nicht bedeuten, alle schulischen Lerngegenstände soweit 'herunterzuoperationalisieren', bis sie in den engen Rahmen objektiver Überprüfungsverfahren passen, ohne Rücksicht darauf, sie möglicherweise dadurch ihrer inneren Konsistenz und ihrer Einordnung in übergeordnete Problemzusammenhänge zu berauben. Die Operationalisierung von Lernzielen findet in einer lebendigen, handlungsorientiert ausgerichteten Schule, in der es um eine Erziehung zur individuellen und sozialen Mündigkeit, um die Entfaltung der Persönlichkeit und um solidarisches Handeln, um Subjekt-Subjekt- und nicht um Objekt-Subjekt-Beziehungen zwischen den am Lernprozeß Beteiligten geht, fraglos ihre Grenzen und damit auch die Möglichkeit, über informelle Tests zur Objektivierung schulischer Lernkontrollen und Beurteilungsvorgänge beizutragen.
Mit anderen Worten heißt das: Der Anspruch, objektiv in der Schule messen und bewerten zu wollen, darf nicht die Auswahl der Lernziele bestimmen bzw. eingrenzen. Entdeckende, problemlösende Lernverfahren motivieren und aktivieren Schülerinnen und Schüler besonders stark und sind deshalb unverzichtbar für jeden qualitätsvollen Unter-

richt. Auch bei motivationalen Lernzielen besteht grundsätzlich die Forderung nach einer möglichst objektiven Diagnose. "Aber", betont der DEUTSCHE BILDUNGSRAT, "selbst wenn das Messen und die Objektivierung der Kontrolle schwierig sind oder nicht gelingen, kann auf das Lernziel [z.B. selbständige Mitarbeit] nicht verzichtet werden" (DEUTSCHER BILDUNGSRAT 1970) - und dem ist nichts weiteres hinzuzufügen.

Diese Einschätzung ist besonders wichtig vor dem Hintergrund, die Frage nach einer Verbesserung schulischer Beurteilungsprozesse allein von den eingesetzten Verfahren abhängig machen zu wollen, und zwar nach der Gleichung 'objektive Meßverfahren = objektives Lehrerurteil' bzw. 'objektive Schülerbeurteilung'. Eine derartige Sichtweise würde nämlich weder das Zustandekommen schulischer Leistungen, die Lernumwelt und Lernvoraussetzungen noch den psychosozialen interaktiven Kontext des Lernens berücksichtigen. Der Einsatz von Tests kann und soll die Lehrerin bzw. den Lehrer bei der Bewältigung der diagnostischen Aufgaben unterstützen und Hilfe bieten, Lernfortschritte und -ergebnisse zu überprüfen sowie ihr/sein Urteil besser zu fundieren. Gleichwohl dürfen sie nicht kritiklos eingesetzt und ihre Funktionalität und Reichweite nicht überschätzt werden.

5.2.3.3.2 Hinweise zur Durchführung informeller Tests

Für die Konstruktion informeller Tests finden sich in der Literatur unterschiedliche Verfahrensmuster. Das hier abgebildete Ablaufschema orientiert sich an dem von BIGLMAIER (1976) unterbreiteten und von BRÜTTING (1981) aufgegriffenen Vorschlag zur Kategorisierung der einzelnen Durchführungsschritte mit den dazu erforderlichen didaktischen Voraussetzungen in stark gekürzter Form.

1. **Was soll geprüft werden?**

   Bestimmung der Lernziele, damit die Aufgaben wirklich nur das Lernziel/die Lernziele kontrollieren.
   Was soll die Schülerin/der Schüler wissen, zeigen, anwenden können? Lernzieloperationalisierung entsprechend den Lernzielstufen (Reproduktion, Reorganisation, Transfer, problemlösendes Denken) und Lernzielbereichen (Wissen, Können, Erkennen, Werten); in welchem Schwierigkeitsbereich sollen die Aufgaben liegen?

2. **Wer soll geprüft werden?**

   Schülerebene — Individuelle Erfolgskontrolle, klassenbezogener Vergleich;

   Lehrerebene — Rückmeldung über curriculare und didaktische Entscheidungen des Unterrichts; informeller Test als Instrument der Unterrichtsbewertung.

3. **Wann soll geprüft werden?**

   Zeit — In einer im Stundenplan günstig gelegenen Unterrichtsstunde; zum Kurswechsel; nach einem festgelegten Unterrichtsabschnitt etc.;

   Häufigkeit — in regelmäßigen Abständen, beispielsweise zum Abschluß jeder Unterrichtseinheit, oder unregelmäßig nach Maßgabe didaktisch begründeter Zweckmäßigkeit

4. **Wie soll geprüft werden?**

Objektivität	Berücksichtigung gleicher Bedingungen, indem Durchführungsanweisungen schriftlich oder mündlich bekanntgemacht werden, zugelassene Hilfsmittel festgelegt werden etc.;
Darbietung der Aufgaben	schriftlich;
Wahl der Aufgabenart	variativ, d.h. offene und/oder geschlossene Fragestellungen, Zuordnungsaufgaben, Lückentext etc.;
Testlänge	Aufgabenanzahl (beispielsweise 25 Einzelaufgaben) ist abhängig vom Schwierigkeitsniveau, der verfügbaren Zeit, der Aufgabenart.

5. **Welche Aufgaben sollen Gegenstand des informellen Tests (IT) sein?**

Bestimmung der Aufgabenart	Verständnisfragen, Analyse der Aufgaben, Auswahlfragen;
Formulierung der Aufgaben	verständlich, eindeutig, angemessen, konkret etc.;
Lösungsschlüssel	Rohpunktverteilung, Gesamtpunktzahl.

6. **Welche Durchführungskriterien sind zu beachten?**

Bearbeitungsdauer angeben;

Testbearbeitungshinweise mündlich oder schriftlich geben;

Absprachen über erlaubte Hilfsmittel bzw. Hilfen von seiten der Lehrerin/des Lehrers treffen

7. Welche Auswertungskriterien sollen angewandt werden?

Rohpunktaus-wertung

Schwierigere Aufgaben erhalten eine höhere Punktzahl als leichtere Aufgaben, um somit anspruchsvollere Leistungen (entsprechend der Lernzielstufen) in der sich anschließenden Bewertung und Zensierung stärker gewichten zu können.

Aufgabenanalyse nach *Schwierigkeitsgrad* und *Trennschärfe*

Die im informellen Test enthaltenen Aufgaben sollen in ihrer Schwierigkeit den Lernausgangslagen der Schülerinnen und Schüler angemessen sein, d.h. weder zu einfach noch zu schwierig. Nach WENDELER (1981) sind Aufgaben, die mehr als 90% der Schülerinnen und Schüler lösen, zu leicht, während demgegenüber Aufgaben mit einer Lösungsquote von weniger als 30% als zu schwer einzustufen sind.

Normierung der *Punkteverteilung* anhand der Notenskala, Zensierung

Der Punkteabstand zwischen den Zensuren ist festzulegen; beispielsweise wird die Note 1 für 30-26 Punkte erteilt, während 25-21 Punkte noch ausreichen, um die Note 2 zu erhalten.

8. Wie kann der informelle Test (IT) verbessert werden?

- zu leichte und zu schwere Aufgaben werden korrigiert oder gestrichen,
- unverständliche, unpräzise Aufgaben werden überarbeitet,
- Aufgaben, die nicht das Lernziel abbildeten, also nicht inhaltsvalide waren, sind aus dem Test herauszunehmen.
- Nicht hinreichend trennscharfe Aufgaben sind zu modifizieren. Bei einem Test mit zureichender Trennschärfe lösen leistungsstärkere Schülerinnen und Schüler mehr Aufgaben als leistungsschwächere.

- Entspricht die Aufgabenanordnung (Reihenfolge) dem Grundsatz einer Schwierigkeitsstufung, d.h. einem entsprechend der Reihenfolge zunehmenden Schwierigkeitsgrad, damit die Schülerinnen und Schüler sich mit den steigenden Anforderungen im Verlauf der Testbearbeitung schrittweise vertraut machen können?

Zusammenfassend ist darauf hinzuweisen, daß beim Entwerfen und Auswählen von Aufgaben für informelle Tests insbesondere zu beachten ist: Die Testaufgaben sollen so konstruiert werden, daß alle vier Lernzielstufen und der zum Beispiel an der Taxonomie von BLOOM (1974) orientierten Aufgliederung der Verhaltensklassen (Lernzielbereiche) in fachangemessener Weise Rechnung getragen wird. Damit soll verhindert werden, überwiegend Aufgaben anzubieten, die sich auf die 1. Lernzielstufe (Reproduktion von Gelerntem) beziehen, also reproduktive Lernleistungen überprüfen.

Wenn der Unterricht beispielsweise den Transfer des Gelernten auf neue, ähnliche Aufgaben und Situationen zum Gegenstand gehabt hat bzw. explizites Lernziel des Lehrplanes gewesen ist, dann wäre es um so unverständlicher, diese Lernzielstufe nicht auch durch entsprechende Testaufgaben zu repräsentieren.

Informelle Tests sollen (müssen) mit den angestrebten Lernzielen nicht nur in quantitativer, sondern ebenso in qualitativer Weise konform gehen. Hilfreich für diesen Schritt kann die Aufstellung einer Lernzielmatrix sein, mit deren Hilfe die curricular begründeten Lernziele (Inhaltsaspekt) mit den Lernzielstufen bzw. sechs hierarchisch geordneten Verhaltensklassen (Verhaltensaspekt)[32] in ein Kombinationsschema gebracht werden und somit die Grundlage für Aufgabenklassen bilden, aus denen dann die Testaufgaben entnommen werden (vgl. HENZE/NAUCK 1985, SCHWARZER 1976). Wichtig ist jedoch, diese Lernzielmatrizes, die für jeden Unterrichtsstoff und für jedes Unterrichtsfach bzw. Lernbereich aufgestellt werden können, nicht auf kognitive Lernziele zu beschränken. So kann auch der Gefahr begegnet werden, informelle Testaufgaben einseitig und vorherrschend auf kognitives Lernen auszurichten.

Will man mit einem informellen Test die Differenz zwischen dem tatsächlichen Verhalten einer Schülerin bzw. eines Schülers und dem durch das Lernziel intendierten (End-)Verhalten möglichst genau erfassen, ist es notwendig, das Lernziel operational zu definieren (und zwar auf der Inhalts- und der Verhaltensebene), weil dieses eine Grundvoraussetzung für eine angemessene, sachadäquate und gültige Aufgabenentwicklung ausmacht.

Da für die Testerstellung die Frageformen bzw. Aufgabenarten von besonderer Bedeutung sind, soll an dieser Stelle ein kurzer Überblick über die verschiedenen Möglichkeiten erfolgen, die sich für informelle Tests eignen.

Aufgabenarten

Gebundene Frageform (Vorgabe der Wahlantworten)	Ungebundene, offene Frageform (keine Antwortvorgabe)
Verwendung: Überprüfung der Lernzielstufen Reproduktion und Reorganisation, z.B. als Zuordnungsaufgaben, Verständnisfragen, Auswahlfragen etc.	Verwendung: Überprüfung der Lernzielstufen Transfer/Problemlösen, z.B. als Analyseaufgaben, Darstellungsaufgaben (Kurzaufsatz, Essay), experimentelle Aufgaben etc.
Möglichkeiten: Zweier-, Dreier- oder Mehrfachwahlantworten	Möglichkeiten: Kurzantworten, Lückentexte, Darstellung eines Versuchsablaufs, freie Darstellung einer Problembearbeitung

In informellen Tests wird man sich möglicherweise nicht allein auf eine Aufgabenart beschränken wollen, sondern gebundene und ungebundene Frageformen miteinander verknüpfen, je nachdem, welche Anforderungen (Lernzielstufen) Grundlagen der Lernkontrolle sind. Variierende Frageformen haben den Vorteil, Prüfungsfragen auf alle vier Lernzielstufen (Reproduktion, Reorganisation, Transfer, problemlösendes Denken) zu beziehen und somit zu einer spezifizierten und gefächerten Überprüfung der erarbeiteten Lerninhalte zu gelangen.

5.2.3.3.3 Hinweise zur Auswertung informeller Tests

Bei der Auswertung informeller Tests geht es zuerst um die Feststellung der erreichten Punkte einer jeden Schülerin und eines jeden Schülers anhand eines zuvor festgelegten Lösungsschlüssels. Für die Erstellung eines Lösungsschlüssels ist es ratsam, für jede Aufgabe nicht nur die zu erwartende Regelbeantwortung aufzunehmen, sondern auch mögliche Alternativantworten und denkbare Lösungsschritte zu notieren. Außerdem sind für jede Aufgabe am rechten Rand in einem dafür vorgesehenen Kästchen oder in einer dafür reservierten Spalte die zu erzielenden Punkte (Rohpunkte) aufzuführen. Dieses Lösungsblatt kann als Folie vorliegen, die dann zur Auswertung auf die Antwortbogen gelegt werden kann.

Gängiger ist, die erreichten Punkte auf dem Testblatt vorab zu vermerken, um der Schülerin bzw. dem Schüler von vornherein Transparenz und Klarheit zu vermitteln.

Die dann im Test erzielten Punkte werden für jede Einzelaufgabe in die entsprechende Spalte oder in das entsprechende Kästchen eingetragen. Die zu erreichende Gesamtpunktzahl sollte am Anfang oder am Ende des Testbogens aufgeführt sein, ebenso die tatsächlich erbrachte.

Die von jeder Schülerin bzw. jedem Schüler erzielten Punkte werden in eine Tabelle eingetragen (Rohwertverteilung), die in etwa wie folgt aussehen kann:

Fach: Chemie	Klasse: 8a	Test: Nr. 2
Datum:	Thema: Redoxreaktionen	
Punkte	Name	
30	Melanie	
29	Nils	
28	Tanja, Michaela	
27	Maik	
26	Mark, Michael, Sven	
25		
...		
0		

Auf diese Weise hat man eine Häufigkeitsverteilung für die Lerngruppe (Klasse) erstellt, und es lassen sich anhand dieser schon erste Rückschlüsse auf eine Aufgabenanalyse (Testverbesserung) nach Schwierigkeit und Trennschärfe der einzelnen Testaufgaben ziehen. Ergibt sich beispielsweise eine Rohwertverteilung, bei der zwei Drittel der am Test beteiligten Schülerinnen und Schüler weniger als die Hälfte der erreichbaren Punkte erzielt haben, zeigt diese 'schiefe' Häufigkeitsverteilung, daß dieser Test zu schwere Aufgaben enthielt.

Lernzielkontrollen und somit auch informelle Tests sind nicht mit Leistungskontrollen gleichzusetzen, d.h. Lernzielkontrollen werden mit dem primären Zweck durchgeführt festzustellen, wo die einzelne Schülerin bzw. der einzelne Schüler im Lernprozeß steht. Lernziel-kontrollen verschaffen einen Einblick in die Ist-Lage des individuellen Lernprozesses im Hinblick auf das gewünschte Soll-Verhalten.

Für die Planung und Durchführung von Lernprozessen sind Lernzielkontrollen unerläßliche Hilfsmittel und deshalb integraler Bestandteil strukturierten Unterrichts. Deutlich davon zu trennen sind Leistungskontrollen, die sich in Anzahl und Intention von Lernziel-kontrollen unterscheiden. Leistungskontrollen finden merklich seltener statt (ihre genaue Anzahl ist für die einzelnen Unterrichtsfächer und die verschiedenen Schulformen und Klassenstufen in den jeweiligen Schulgesetzen der Bundesländer formal geregelt) und dienen der Bewertung in Form von Zensuren oder Verbalbeurteilungen.

Soll nun ein informeller Tests als Leistungskontrolle dienen, dann werden die in jedem einzelnen Schülertest erzielten Punkte prozentual in Beziehung gesetzt zu der möglichen Gesamtpunktzahl (z.B. 20 von insgesamt 25 möglichen Punkten erreicht, gleich 80%), um somit die Testergebnisse im Sinne des Kriteriums 'Lernziel erreicht/nicht erreicht' in eine Rangreihe entsprechend der Notenskala bringen zu können. Auf diese Weise sind nicht die Lerngruppe oder die in einem Jahrgang zusammengefaßten Parallelklassen das Bezugssystem, sondern die gesetzten Lernziele.

Nun kann man zum Beispiel festlegen, daß 65% der Aufgaben eines informellen Tests gelöst sein müssen, damit das angestrebte Lernziel noch als erreicht bezeichnet werden kann; was darunter liegt, hat hiernach das erwartete (End-)Verhalten nicht gezeigt. Diese am intendierten Lernziel orientierte 'Grenzziehung' ist unbedingt beim Testentwurf zu fixieren, da sonst leicht die Gefahr besteht, im nachhinein doch wieder die Benotung auf den Klassendurchschnitt zu beziehen.

Für die Notenverteilung muß das allerdings nicht gleichbedeutend sein mit der Trennungslinie, die zwischen den noch mit 'ausreichend' und den schon mit 'mangelhaft' zu beurteilenden Leistungen zu ziehen ist. Geläufige Techniken der Zensurengebung lassen durchaus noch die Note 'ausreichend' für Prozentwerte zwischen 56 und 39 zu. Die Note 'ausreichend' kann also auch für Leistungen ausgesprochen werden, die - bezogen auf das Lernziel - deutliche Defizite aufweisen.
Im Regelfall kann man dann auch den Notenschlüssel schon vorab zusammen mit dem Lösungsschlüssel festlegen. Die insgesamt erreichte Punktzahl jedes Tests läßt sich somit direkt einer Notenstufe zuordnen.

Da bei dieser Art Leistungsmessung eine unmittelbare Orientierung am Lernziel stattfindet, kommt der 'Gewichtung' jeder einzelnen Aufgabe eine besondere Bedeutung zu. Deshalb ist es ratsam, im Team die Punkteverteilung für die Testaufgaben vorzunehmen, um durch subjektive Einflüsse verursache 'Schieflagen' (Unterbewertungen oder Überschätzungen) vermeiden zu helfen. Es ist leicht einsehbar, daß die Punktgewichtung jeder einzelnen Aufgabe erheblichen Einfluß auf die Bewertung ausübt.

Auf einen wichtigen Vorteil der prozentualen Berechnung der Gesamtpunktzahl macht BRÜTTING aufmerksam, indem er darauf hinweist, "wenn die erreichte Leistung eines Schülers in einem informellen Tests jeweils als Prozentsatz von den insgesamt erreichtbaren Gesamtpunkten festgehalten wird, [wird] die Gesamtbeurteilung nach mehreren informellen Tests unter Bezugnahme auf die verrechneten Prozentwerte objektiver, als wenn nur Noten miteinander verrechnet, addiert und dividiert werden" (BRÜTTING 1981, 205), wie es immer noch in der Schule selbstverständlich ist. Zur Handhabung der für informelle Tests geläufigen Verfahrensregeln zur Gestaltung, Auswertung und Beurteilung sei unbedingt auf die praxisnahe Darstellung bei BRÜTTING (1981) verwiesen.

5.2.3.3.4 Zusammenfassung

Unter den gegenwärtigen Bedingungen der Schulpraxis scheinen informelle Tests von allen Testverfahren am ehesten geeignet zu sein, um die Diagnose von schulischen Lernleistungen praktikabel, aber nicht unmethodisch durchzuführen. Sie können von den Lehrerinnen und Lehrern selbst entsprechend den eigenen pädagogischen Zielen und Bedürfnissen erstellt werden.

Ungelöst bleiben bei informellen Tests ebenso wie bei lehrzielorientierten Tests Probleme, die sich direkt aus den Lerninhalten und ihrer 'Abfragbarkeit' durch Tests ergeben. Auch informelle Tests setzen die Operationalisierung der Lernziele voraus, wobei die Gefahr besteht, Lernziele zu bevorzugen, die leicht zu operationalisieren sind, während Lernziele, die schwer operational zu erfassen sind, vernachlässigt werden.

Einschränkend muß deshalb zum Abschluß gesagt werden, daß informelle Tests ein diagnostisches Instrument unter anderen Verfahren darstellen. Sie eignen sich nicht für alle Fächer/Lernbereiche und nicht für alle Lerninhalte gleichermaßen gut. Die Absicht, Lernverhalten 'objektiver' erfassen und bewerten zu wollen, darf nicht dazu führen, Lernziele um jeden Preis durchzuoperationalisieren, damit sie 'passend' gemacht werden für die Abfragbarkeit in einem Test. Schulpraktikerinnen und Schulpraktiker müssen wissen, daß Unterrichtsinhalte nicht zuerst darauf zu prüfen sind, wie sie am besten abgetestet werden können, sondern inwieweit sie den allgemeinen Lernzielen der Schule, der Fächer/Lernbereiche sowie deren didaktischen Grundstrukturen entsprechen.

5.3 Resumée

In der Schule geht es um die *Besinnung* auf einen pädagogisch begründeten Leistungsgedanken, bei dem Erziehung und Leistung in einem Gesamtkonzept zusammengeführt werden, um Schülerinnen und Schülern die Entfaltung ihrer Persönlichkeit zu ermöglichen sowie die Entwicklung von Sozialkompetenz zu fördern. Dabei können und dürfen die gesellschaftlichen Realitäten und Verhältnisse nicht geleugnet werden. An die Schule werden von der Gesellschaft eben auch Erwartungen gestellt, die oft genug im Widerspruch zur Pädagogisierung des Leistungsbegriffs stehen.
Von Lehrerinnen und Lehrern wird in ihrer Verantwortung für die Entwicklung und Förderung einer jeden Schülerin und eines jeden Schülers verlangt, pädagogische Kriterien zu den wichtigsten Leitlinien ihres Verhaltens und Handelns zu machen. Dem Erziehungsauftrag ist Priorität vor institutionell-gesellschaftlichen Erwartungen und Verordnungen (Ausleseprozeß) einzuräumen.

Eine Pädagogisierung und Demokratisierung des schulischen Leistungsprinzips erfordern eine grundlegende Neuorientierung in den Bereichen von Leistungsmessung und -bewertung sowie Notengebung.

Besonders vor dem Hintergrund des als wesentlich für schulische Lehr- und Lernprozesse herausgearbeiteten dynamischen Leistungsbegriffs einerseits und der zugegebenermaßen schon lange bekannten Mangelhaftigkeit der Zensuren und Zeugnisse andererseits ergeben sich notwendige Konsequenzen für eine Revision und Modifikation schulischer Beurteilungsprozesse. Erforderlich ist die Entwicklung und Anwendung einer **pädagogischen** Diagnostik, bei der die pädagogischen Bezüge im Vordergrund stehen.[33]

Diese Forderung bedarf im Grunde keines weiteren Belegs, wenn man sich klar macht, daß der Sinn von Lernkontrollen nicht die einmalige Abstempelung von Schülerinnen und Schülern ist, daß nicht Ziel ist, Schülerinnen und Schüler in 'gute' und 'schlechte' einzuteilen (vgl. DEUTSCHER BILDUNGSRAT 1970, 89), sondern pädagogisch entscheidend ist, Informationen über das Lernverhalten, über den Stand des Lernfortschritts, über Lernbarrieren etc. zu erhalten. Dazu bedarf es nicht nur einer kritischen Analyse der unterstellten Funktionen traditioneller Formen der Leistungsmessung und -bewertung, insbesondere der Notengebung, sondern gleichwohl einer veränderten Praxis in der Gestaltung und im Einsatz von mündlichen und schriftlichen Verfahren zur Erfassung und Rückmeldung von Schulleistungen.

"Angesichts der Bedeutung des Lehrerurteils und der Schwierigkeit einer gerechten Beurteilung ist es erforderlich, sich intensiv um Möglichkeiten einer Objektivierung des Lehrerurteils zu bemühen. [...] Die Anwendung von Methoden objektivierter Leistungsmessung gehört zu den Aufgaben des Lehrers. [...] Der Lehrer sollte sich an der Weiterentwicklung dieser Methoden beteiligen" (DEUTSCHER BILDUNGSRAT 1970, 219). Dieser Aufgabe können sich die Lehrerinnen und Lehrer nicht entziehen. Dennoch: Alles Lernen in der Schule ist zuallererst auf die Erziehung zur Mündigkeit und zur Selbstbestimmung bzw. Mitverantwortung der Schülerinnen und Schüler ausgerichtet. Pädagogische Diagnostik leistet dabei Hilfestellung!

ANMERKUNGEN

1 Wie gegensätzlich sich die Auffassungen zum schulischen Leistungsbegriff darstellen, läßt sich an der Extremposition zeigen, die im Zusammenhang mit der Konzeption der integrierten Gesamtschule als "demokratische Leistungsschule" (vgl. SANDER/ROLFF/WINKLER 1967) diese als die konsequenteste Verwirklichung einer den Profitinteressen des kapitalistischen Systems dienende Schulform etikettiert (vgl. BECK 1970; ALTVATER/HUISKEN 1971; HOFFMANN 1972).

2 In seiner radikalsten Form wird der Zusammenhang zwischen gesellschaftlichem und schulischem Leistungsprinzip von Vertretern einer politisch-ökonomisch bestimmten Gesellschaftskritik formuliert (vgl. BECK 1970, GAMM 1970). Zur Kritik dieser Position vgl. KLAFKI (1975). Außerdem weist KLAFKI (1976) darauf hin, daß "der enge Zusammenhang des Leistungsproblems in der Schule mit gesellschaftlichen Prozessen nicht erst durch die vorher erwähnte, politisch-ökonomisch ansetzende Kritik am Leistungsprinzip ins Licht gerückt worden" ist, sondern bereits durch FURCK (1961, S. 74) eingeleitet wurde.

3 Auf eine historische Aufarbeitung der Entwicklung des Leistungsprinzips in der Schule wird in diesem Beitrag verzichtet. Interessierte Leserinnen und Leser seien auf die Abhandlung von FURCK (1961) verwiesen.

4 Dabei handelt es sich um Orientierungen und Erziehungsziele, die sich mit Hilfe einer grundlegenden historischen Aufarbeitung in ihrem Entstehungs- und Begründungszusammenhang darstellen und vergleichen ließen. Dabei darf jedoch nicht unterschlagen werden, daß innerhalb der Erziehungswissenschaft und der pädagogischen Praxis sowie in der öffentlichen, gesellschaftlich-politischen Diskussion tiefgreifende Kontroversen über die Bestimmung pädagogischer Zielsetzungen bestehen. Diese Auseinandersetzung fand insbesondere mit den Ende der 70er Jahre veröffentlichten Thesen "Mut zur Erziehung" (1978) und der darauf einsetzenden Reaktion (Tübinger Erklärung 1978) einen vorläufigen Höhepunkt (vgl. KLAFKI 1980).

5 vgl. zum Emanzipationsbegriff: ADORNO/BECKER 1967, MOLLENHAUER 1968, VON HENTIG 1969, ADORNO 1970, LEMPERT 1971, KECKEISEN 1983, PÖGGELER 1987, HERRMANN 1987.

6 Die Rechtfertigung schulischer Leistungen mit dem Verweis auf das in der Gesellschaft bestehende Leistungsprinzip bzw. auf die in dessen Namen gesellschaftlich begründeten "harten Leistungsanforderungen" muß als problematisch angesehen werden, weil die sogenannte Leistungsgesellschaft auf Annahmen fußt, die den realen Verhältnissen nicht entsprechen und schon deshalb ein pädagogisch verantwortbares Leistungsprinzip nicht zu legitimieren ist (vgl. hierzu die vorangegangenen Ausführungen in Kapitel 2. Im Grunde sieht dies auch der DEUTSCHE BILDUNGSRAT, wenn er feststellt, daß "das Leistungsprinzip [...] nicht auf den Bildungsprozeß des Jugendlichen oder gar des Kindes übertragen werden" könne (DEUTSCHER BILDUNGSRAT 1970, 35).

7 Man denke hierbei über die Erziehungswissenschaft und Pädagogische Psychologie hinaus besonders an die Pädagogische Soziologie, Politologie, Medizin und Fachdidaktiken.

8 BECKMANN macht zu Recht darauf aufmerksam, daß in der Praxis keine einheitlichen Auffassungen über das Problem der Leistung zu finden sind. "Je nach erfahrener Lehrerausbildung, nach Struktur des Kollegiums, nach individueller politischer Einstellung oder nach Schularten ist die Einstellung zum Leistungsbegriff unterschiedlich" (BECKMANN 1973, 248).

9 vgl. hierzu unter anderem den von SCHMID (1978) herausgegebenen Sammelband "Intelligenzforschung und pädagogische Praxis", und hier besonders den Beitrag von SCHMID/WACKER: Begabung und Intelligenz in Pädagogik und Psychologie - Darstellung und Analyse der Problemstellungen seit 1945

10 Auf mögliche Fehleinschätzungen, die sich im Zuge bildungsreformerischer Maßnahmen unter Berufung auf ein dynamisches Begabungsverständnis herausbildeten, macht unter anderem FEND (1988) aufmerksam.

11 Es liegt auf der Hand, daß besonders der mündliche Bereich davon betroffen ist, wenn anstelle eines lehrerzentrierten Unterrichts mit vorrangig reproduktiven Leistungen ein schülerorientierter Unterricht tritt, der vielfache Möglichkeiten für prozessuale Leistungen bietet, wie unter anderem die Erarbeitung von Problemlösungswegen, das Darstellen von Begründungen, Erklärungen, Interpretationen komplexer Zusammenhänge.

12 Auf der höchsten Lernstufe werden in der Regel prozessuale Lernleistungen verlangt. "Eine noch höhere Lernleistung wird bei Aufgaben gefordert, die problemlösendes Denken und entdeckende Denkverfahren fördern. [...] Diese Aufgaben sind eine notwendige, auch in der Schule unerläßliche Herausforderung der Lernenden. In ihnen werden Lernziele angestrebt wie: zu einem abgehandelten Sachverhalt zusätzliche und neue Fragen zu stellen, [...] begründete Verbesserungsvorschläge zu machen, Alternativen zu entdecken; Hypothesen zu finden und aufzustellen, selbst ein Experiment zu entwerfen und durchzuführen [...]" (DEUTSCHER BILDUNGSRAT 1970, 80).

13 Ganzheitlichkeit - übrigens keine neuer Begriff (vgl. TILLMANN 1989) - versteht unter Bildung die Entfaltung der Kräfte von Kopf, Herz und Hand, also die Trias von Verstand, Gefühl und Tätigkeit. Lerngelegenheiten in diesem Sinne, mit denen übrigens auch ein lebensnahes Lernen beabsichtigt wird, haben praktische Konsequenzen für die Begründung und Realisierung schulischer Leistungen.

14 "Es muß eine curriculare Einigung erreicht werden, welche kognitiven, sozialen und emotionalen Lernerfolge für welche Qualifikationen erforderlich sind. Die Bestimmung der sozialen und emotionalen Lernziele muß mit gleicher Intensität erfolgen wie die der kognitiven. Eine solche Festlegung ist außerordentlich schwierig, wie beispielhaft der Streit um die Hessischen Rahmenrichtlinien zeigt. [...] Die curricularen Diskussionen haben nur dann Erfolgsaussichten, wenn gleichzeitig diskutiert wird, wie die Lernzielerreichung festgestellt, wie sie gewichtet werden soll und wer dies vorzunehmen hat" (INGENKAMP 1985, 97).

15 Eine Unterscheidung beider Begriffe nach deren meßtheoretischen Ansprüchen ist völlig irreführend und überhaupt nicht hilfreich, da erstens nicht festzulegen ist, wann meßtheoretisch der Begriff 'Messung' und wann der Begriff 'Beurteilung' zutreffend ist und zweitens jeder Beurteilung eine wie immer geartete Leistungs-Messung zugrunde liegt.

16 Auch hier gibt es in der Zuordnung unterschiedliche Sichtweisen. Während BRÜTTING (1981, 191) Lernzielkontrollen nicht der Leistungsmessung zurechnet und sie deshalb deutlich von Leistungsnachweisen unterscheidet, sind sie im Verständnis des DEUTSCHEN BILDUNGSRATES Verfahren der Leistungsmessung und vollziehen sich in der Regel in Form von Klassenarbeiten, Klassenaufgaben, Notengebungen und Prüfungen (vgl. DEUTSCHER BILDUNGSRAT 1970, 87).

17 Der Begriff 'Note' wird synonym verwendet.

18 Wie schon weiter oben hervorgehoben wurde, werden auch in den Erlassen der Schulverwaltungen die Begriffe 'Leistungsmessung' und 'Leistungsbewertung' nicht deutlich voneinander getrennt. Häufig wird lediglich der Begriff 'Leistungsbewertung' für Fragestellungen des gesamten Bereiches verwendet, der gemeinhin von der Pädagogischen Diagnostik ausgefüllt wird.

19 In diesem Beitrag wird auf den Begriff 'curriculare Kontrolle' zurückgegriffen, weil damit das gesamte inhaltliche und didaktische Programm schulischer Lehr-/Lernprozesse in den Blick genommen wird.

20 KLEBER (1976) spricht in diesem Zusammenhang von Vorauslese (siehe hierzu auch Kapitel 5.1.3.1).

21 "Es kann zur Förderung besonders benachteiligter Schüler zeitweise oder bereichsweise eine bewußte manipulierte Benotung vorgenommen werden, die den betreffenden Schüler motivieren und fördern kann" (KLEBER 1976, 29).

22 Es ist sicher richtig, daß Zensuren die vorliegende Informationsfülle über schulisches Verhalten verringern (was gerade einen großen Teil ihres Ärgers ausmacht), aber damit ist noch nichts darüber gesagt, welche Informationen verloren gehen und welche Konsequenzen die Betroffenen (Schülerinnen/Schüler, Eltern, Lehrerinnen/Lehrer, Gesellschaft) aus Zensuren und Zeugnissen ziehen.

23 In einer Untersuchung konnte ZIELINSKI (1974) eine Methodenvielfalt in der Leistungsbewertung von Arbeits- und Testergebnissen von Schülerinnen und Schülern feststellen, so daß eine Vergleichbarkeit der erteilten Noten, beispielsweise zwischen zwei Klassenverbänden, kaum möglich ist, weil Lehrerinnen bzw. Lehrer sich unterschiedlicher Auswertungsinstrumentarien bedienen.

24 Aufgrund gesellschaftlich-kultureller Normen und tradierter Rollenbilder werden von Mädchen und Jungen unterschiedliche Eigenschaften erwartet, die im schulischen Lernprozeß zu vorurteilsbedingten Begünstigungen einerseits bzw. Benachteiligungen andererseits führen können. Die Differenzen zugunsten der Mädchen werden zumeist mit deren besserer Anpassungsfähigkeit, größerem Fleiß und häufigerer Zuverlässigkeit begründet (vgl. WEISS 1965, CARTER 1977).

25 JÜRGENS (1977) hat in einem Diagramm das Zusammenwirken von Grundkomponenten im Interaktionsprozeß zwischen Schülerinnen/Schülern und Lehrerinnen/Lehrern bei erwartetem Mißerfolg dargestellt.

26 In der Literatur gibt es schon seit längerer Zeit (insbesondere in der Psychologie) Bemühungen, Fehlerarten, die bei Urteilsprozessen, wie unter anderem der Notengebung auftreten, systematisch zu erfassen und zu analysieren, so daß an dieser Stelle darauf verzichtet werden kann (vgl. hierzu insbesondere KLEBER 1976).

27 Wie wenig Lehrerinnen und Lehrer sich von derartigen Forschungsergebnissen beeinflussen lassen, zeigen zwei Untersuchungen von STELTMANN (1977) und HAASE (1978). Demnach vertrauen Lehrerinnen und Lehrer ihrem Urteil über Schülerleistungen in hohem Maße und wollen deshalb auf Tests allenfalls zur Ergänzung ihrer Bewertung zurückgreifen. Von der Gerechtigkeit der erteilten Zensuren sind 70% der Befragten überzeugt, und nur 54% ziehen überhaupt in Betracht, ihre Notengebung könne durch subjektive Stimmungen beeinflußt sein.

28 Es geht auch um eine Verbesserung der Zensurengebung; allerdings wird das Schwergewicht auf Veränderungen und Revison der Leistungsmessung und Leistungsbeurteilung gelegt. Denn aufgrund der oben genannten Untersuchungen bedarf es keiner zusätzlichen Beweisführung mehr: Noten bleiben mehr oder weniger gute Schätzurteile.

29 Die Frage nach der Objektivität schulischer Beurteilungen kann nicht losgelöst von der erzieherischen Funktion und dem pädagogischen Interesse der Schule betrachtet werden (vgl. FLITNER 1980).

30 Forschungen zur Meßqualität schriftlicher Klassenarbeiten haben sich schwerpunktmäßig mit dem Deutschunterricht auseinandergesetzt und umfangreiche Untersuchungsergebnisse zur Urteilsstreuung bei der Leistungsbewertung von Aufsätzen vorgelegt (vgl. WIECZERKOWSKI/KESSLER 1970, COFFMANN 1971, ULICH/MERTENS 1973, INGENKAMP 1977). Andere Formen der Klassenarbeit (Diktat, Grammatikarbeit) im Deutschunterricht sind weniger zum Gegenstand empirischer Forschung gemacht worden. Dennoch läßt sich auf der Grundlage der vorliegenden Ergebnisse feststellen: Durchführungs- und Auswertungsunterschiede mindern die Objektivität aller Diktatformen in einem erheblichen Maße. Diktattempo, Aussprache, Umfang und Wiederholung der diktierten Textabschnitte, zusätzliche Erläuterungen und Hilfen, Wertung und Gewichtung unterschiedlicher Fehler variieren je nach Lehrer beträchtlich.
Auch bei schriftlichen Arbeiten in den Fächern Mathematik, Geographie und Geschichte wurde eine geringe Zuverlässigkeit des Lehrerurteils nachgewiesen (vgl. INGENKAMP 1975, KLAUER 1978).

31 KLEBER (1976) subsumiert informelle Tests unter den Begriff kriteriumsbezogene Testverfahren und ordnet dieser Gruppe noch die lernzielbezogenen, lehrzielorientierten und curriculumorientierten Tests zu.
"Diese verbesserte Version einer üblichen Klassenarbeit ist strikt auf Lernziele bezogen, in ihren Aufgaben höher strukturiert, in der Auswertung durch die Verwendung eines Lösungsschlüssels objektiver und aufgrund eines vorgegebenen Bewertungsmaßstabes für die Überführung von erzielten Rohwerten in eine Notenskalierung sowie durch die mögliche Verbesserung des Tests nach der Aufgabenanalyse der ersten Durchführung häufig und relativ leicht verwendbar" (BRÜTTING 1981, 198). Da Lehr-/Lernprozesse stark situativ geprägt sind und die Organisation der Lernumweltbedingungen von den individuellen Eingangsvoraussetzungen der Schüler abhängig ist, somit im Grunde jeder Unterricht 'anders' verläuft, muß stark bezweifelt werden, daß sich informelle Tests für einen längeren Einsatz überhaupt 'standardisieren' lassen.

Im übrigen findet sich bei BRÜTTING (1981) eine ausführliche Beschreibung für die Planung, Konstruktion und Entwicklung informeller Tests einschließlich praktischer Beispiele (S. 201 ff.); vgl. hierzu auch die grundlegende Arbeit von RAPP (1975) zur Konstruktion informeller Tests.

32 BLOOM (1974) hat für den kognitiven Bereich folgende Verhaltensklassen vorgeschlagen: 1. Wissen, 2. Verstehen, 3. Anwenden, 4. Analyse, 5. Synthese und 6. Bewerten.

33 Zu einer pädagogischen Diagnostik gehört deshalb unbedingt die Einbeziehung der Analyse der komplexen Bedingungen des Lehrerurteilsverhaltens und die Reflexion der Ziele und Aufgaben schulischer Beurteilungsvorgänge. Pädagogische Diagnostik kann nicht von den sozialen Beziehungen zwischen Lehrerin/Lehrer und Schülerinnen/Schülern abstrahieren.

LITERATUR

ADORNO, Th. W./ BECKER, H. — Erziehung wozu? In: Neue Sammlung 7, 1967, 1, S. 1-10.

ADORNO, Th. W. — Erziehung zur Mündigkeit. Frankfurt/M. 1970.

ALTVATER, E./ HUISKEN, F. (Hg.) — Materialien zur politischen Ökonomie des Ausbildungssektors. Erlangen 1971.

BECHERT, J. (Hg.) — Gesamtschulen in Nordrhein-Westfalen. Weinheim 1971.

BECK, J. — Demokratische Schulreform in der Klassengesellschaft. In: Beck, J. (Hg.): Erziehung in der Klassengesellschaft. München 1970.

BECK, M. u.a. — Gefangen im Datenlabyrinth. Kritische Sichtung eines Forschungsberichts zum schulischen Chancenausgleich. In: Zs. für Pädagogische Psychologie, 2, 1988, 2, S. 91-111.

BECKMANN, H.-K. — Das Problem der Leistung in der Schule. Vorwort. In: Westermanns Pädagogische Beiträge, 1973, 5, S. 247-248.

BECKMANN, H.-K. (Hg.) — Leistung in der Schule. Braunschweig 1978.

BIERHOFF-ALFERMANN, D. — Die Beziehung von Noten und Schülermerkmalen bei Schülern der 9. und 10. Klasse. In: Psychologie in Erziehung und Unterricht, 23, 1976, S. 205 ff.

BIGLMAIER, F. — Leistungsmessung durch informelle Tests. In: Lichtenstein-Rother, I. (Hg.): Schulleistung und Leistungsschule. Bad Heilbrunn/Obb. ^{3}1976.

BIRKEL, P. — Mündliche Prüfungen. Bochum 1978.

BLOOM, B.S. (Hg.) — Taxonomie von Lernzielen im kognitiven Bereich. Weinheim/Basel ^{2}1974.

BÖNSCH, M.	• Handlungsorientierter Unterricht. Zentrum für pädagogische Berufspraxis. Oldenburg 1988. • Die Konstituierung von Sinn - Grundvoraussetzung für Leistung. In: Lehrer Journal Hauptschule 4 (1989), 4, S. 3-4
BOLSCHO, D./ SCHWARZER, C. (Hg.)	Beurteilen in der Grundschule. München 1979.
BRÜTTING, L.	Leistungsmessung, Leistungsbeurteilung und Notengebung in der Schule. In: Schnitzer, A. (Hg.): Schwerpunkt Leistung in der Schule. München 1981.
CARTER, R.S.	Wie gültig sind die durch Lehrer erteilten Zensuren? In: Ingenkamp, K. (Hg.): Die Fragwürdigkeit der Zensurengebung. Weinheim/Basel 1977.
COFFMANN, E.	Essay Examinations. In: Thorndikte, R.L. (Hg.): Educational Measurement. Washington 1971.
DAHRENDORF, R.	Bildung ist Bürgerrecht. Plädoyer für eine aktive Bildungspolitik. Hamburg 1965.
DE GROOT, A.D.	Fünfen und Sechsen. Weinheim 1971.
DER NIEDERSÄCHSISCHE KULTUSMINISTER (Hg.)	Die Arbeit in der Orientierungsstufe. Erlaß vom 28.02.1991. Hannover 1991.
DEUTSCHER AUSSCHUß FÜR DAS ERZIEHUNGS- UND BILDUNGSWESEN (Hg.)	Empfehlungen und Gutachten 1953 - 1965. Gesamtausgabe. Stuttgart 1966.
DEUTSCHER BILDUNGSRAT (Hg.) Empfehlungen der Bildungskommission	• Einrichtung von Schulversuchen mit Gesamtschulen. Stuttgart 1969. • Strukturplan für das Bildungswesen. Stuttgart 1970.
DOHSE, W.	Das Schulzeugnis. Sein Wesen und seine Problematik. Weinheim/Berlin ^{2}1967.

EBERT, H./HERTER, J.   Neue Allgemeinbildung. Grundzüge eines demokratischen Bildungsverständnisses. Frankfurt/M. 1987.

FEND, H.   Ansätze zur inneren Schulreform und zur Verbesserung von Schule. Gestaltungsrichtungen des Bildungswesens auf der Grundlage der Erfahrungen der letzten 20 Jahre. In: Begabung. Lernen. Schulqualität. Soest ^{2}1988.

FLITNER, A.   Das Schulzeugnis im Lichte neuerer Untersuchungen. In: Zs. für Pädagogik, 12, 1966, 6, S. 511 ff.

Freie Schulen - Ergänzung und Herausforderung des öffentlichen Schulsystems. In: Merkur, 1980, 8.

FUNKE, E.H.   Grundschulzeugnisse und Sonderschulbedürftigkeit. Berlin 1972.

FURCK, C.-L.   Das pädagogische Problem der Leistung in der Schule. Weinheim/Basel 1961 und ^{3}1969.

GAEDICKE, A.-K.   Determinanten der Schulleistung. In: Heller, K. (Hg.): Leistungsbeurteilung in der Schule. Heidelberg 1975.

GAMM, H.-J.   Kritische Schule. München 1970.

GAUDE, P./ TESCHNER, W.P.   Objektivierte Leistungsmessung in der Schule. Frankfurt/M. ^{3}1973.

HAASE, H.   Tests im Bildungswesen. Urteile und Vorurteile. Göttingen 1978.

HADLEY, S.T.   Feststellungen und Vorurteile in der Zensierung. In: Ingenkamp, K. (Hg.): Zur Fragwürdigkeit der Zensurengebung. Weinheim/Basel ^{7}1977.

HANKE, B. u.a.   Schülerbeurteilung in der Grundschule. München 1980.

HÄRLE, H.   Die pädagogische Dimension der Leistung in der Schule. In: Blätter für Lehrerfortbildung, 34, 1983, 2, S. 51 ff.

HARTFIEL, G. (Hg.)	Das Leistungsprinzip. Opladen 1977.
HECKHAUSEN, H.	Leistung und Chancengleichheit. Göttingen 1974.
HEIPCKE, K.	Zur Klärung des Begriffs und des Phänomens 'Leistung'. In: Westermanns Pädagogische Beiträge, 1973, 5, S. 249-253.
HELLER, K.	Aktivierung der Bildungsreserven. Stuttgart 1970.
HENTIG, H. von	Systemzwang und Selbstbestimmung. Stuttgart ^{2}1969 und ^{3}1970.
HENZE, G./NAUCK, J.	Testen und Beurteilen. Bad Heilbrunn/Obb. 1985.
HERRMANN, U.	Verantwortung statt Entmündigung. Bildung statt Erziehung. In: Zs. für Pädagogik, 33, 1987, 1, S. 105-114.
HÖHN, E.	Der schlechte Schüler. München 1967.
HOFER, M.	Die Schülerpersönlichkeit im Urteil des Lehrers. Weinheim/Basel 1969.
HOFFMANN, V.	Der Klassencharakter der Gesamtschule. Berlin 1972.
INGENKAMP, K. (Hg.)	• Die Fragwürdigkeit der Zensurengebung. Weinheim/ Basel 1972. • Schüler- und Lehrerbeurteilung. Empirische Untersuchungen zur Pädagogischen Diagnostik. Weinheim 1977. • Wert und Wirkung von Beurteilungsverfahren. Weinheim 1981.
INGENKAMP, K.	• Pädagogische Diagnostik. Ein Forschungsbericht über Schülerbeurteilung in Europa. Weinheim/Basel 1975. • Diagnose: Leistungsmessung. In: Haft, H./Kordes, H. (Hg.): Methoden der Erziehungs- und Bildungsorschung. Enzyklopädie der Erziehungswissenschaft, Band 2, Stuttgart 1984.

(Fortsetzung Ingenkamp)	• Lehrbuch der Pädagogischen Diagnostik. Weinheim/Basel 1985.
	• Erfassung und Rückmeldung des Lernerfolgs. In: Otto, G./Schulz, W. (Hg.): Methoden und Medien der Erziehung und des Unterrichts. Enzyklopädie der Erziehungswissenschaft, Band 4. Stuttgart 1985 (a).
	• Diagnostik in der Schule. Weinheim/Basel 1989.
JANK, W./MEYER, H.	Didaktische Modelle: Grundlegung und Kritik. Oldenburg 1990.
JÜRGENS, E.	• Die Bedeutung pädagogischer Alltagstheorien für die Schülerbeurteilung durch Lehrer (unveröffentlichte Diplomarbeit). Oldenburg 1977.
	• Der Schülerbeobachtungsbogen in der Orientierungsstufe des Landes Bremen. Eine empirische Untersuchung zur Beurteilung des Schülerbeobachtungsbogens durch Lehrer. Frankfurt/M. 1983.
	• Die Orientierungsstufe im Urteil von Eltern und Lehrern - unter besonderer Berücksichtigung der Problematik von Schullaufbahnempfehlung und Elternentscheidung. Frankfurt/M. 1989.
	• Entwurf zu einem Merkmalsbogen zur Lernverhaltensbeschreibung (MBL) von Schülern. Oldenburg 1990.
	• 20 Jahre Orientierungsstufe. Beiträge zu einer umstrittenen Schulform. St. Augustin 1991.
	• Projektunterricht und Projektwochen. In: Neue Praxis der Schulleitung, 6. Ergänzungslieferung. Stuttgart 1991.
KASZEMEK, H.-J.	Bewertung mündlicher Leistungen an der Realschule. In: Schulverwaltungsblatt für Niedersachsen, 1989, 6, S. 141-148.

KECKEISEN, W.	Kritische Erziehungswissenschaft. In: Lenzen, D./ Mollenhauer, K. (Hg.): Enzyklopädie der Erziehungswissenschaft, Band 1. Stuttgart 1983, S. 117-138.
KEIM, W. (Hg.)	Gesamtschule. Bilanz ihrer Praxis. Hamburg 1973.
KELBER, R./ SCHREIBER, B.	Wie verhindert man Schulreform? Modellfall Gesamtschule in Nordrhein-Westfalen. Starnberg 1973.
KLAFKI, W.	• Sinn und Unsinn des Leistungsprinzips in der Erziehung. In: Sinn und Unsinn des Leistungsprinzips. Ein Symposium. München ^{2}1975. • Aspekte kritisch-konstruktiver Erziehungswissenschaft. Weinheim 1976. • "Mut zur Erziehung" - Kritik einer konservativen Erziehungskonzeption. In: Wissenschaftsforum, 1980, 43/44, S. 41 ff. • Leistung. In: Lenzen, D./Mollenhauer, K. (Hg.): Enzyklopädie der Erziehungswissenschaft, Band 1. Stuttgart 1983.
KLAFKI, W./RANG, U./ RÖHRS, H.	Integrierte Gesamtschule und Comprehensive School. Braunschweig ^{2}1972.
KLAUER, K.J. (Hg.)	Handbuch der Pädagogischen Diagnostik, Bände 1 bis 4. Düsseldorf 1978.
KLEBER, E.W. u.a.	Beurteilung und Beurteilungsprobleme. Eine Einführung in Beurteilungs- und Bewertungsfragen in der Schule. Weinheim/Basel 1976.
KLEMM, K./ ROLFF, H.-G./ TILLMANN, K.-J.	Bildung für das Jahr 2000. Reinbek 1985.
KNÖRZER, W.	Lernmotivation. Weinheim/Basel 1976.
KÖCK, P./OTT, H.	Wörterbuch für Erziehung und Unterricht. Donauwörth 1976.

KORNADT, H.-J.	Lehrziele, Schulleistung und Leistungsbeurteilung. Düsseldorf 1975.
KRAPP, A./MANDL, H.	Einschulungsdiagnostik. Weinheim 1977.
KROPE, P.	Dialogische Prüfungsforschung. Frankfurt/M. 1984.
KUTSCHER, J. u.a.	Entwicklungslinien einer Pädagogischen Diagnostik. In: Projektgruppe des Instituts für Schullaufbahnberatung (Hg.): Diagnostik in der Schule. Beiträge zu einer pädagogischen Orientierung der Schülerbeurteilung. München 1973.
LANGHORST, E.	Beobachtung und Beurteilung des Schülerverhaltens im Unterricht. In: Heller, K. (Hg.): Leistungsdiagnostik in der Schule. Bern ^{4}1984.
LATSCHA, F.	Kriterium des Primarlehrers für die Übergangsempfehlung zum Gymnasium. In: Hielscher, H. (Hg.): Die Schule als Ort sozialer Selektion. Heidelberg 1972.
LEMPERT, W.	Bildungsforschung und Emanzipation. In: Lempert, W.: Leistungsprinzip und Emanzipation. Frankfurt/M. 1971.
LENK, H.	Sozialphilosophie des Leistungshandelns. Stuttgart 1976.
LICHTENSTEIN-ROTHER, I.	• Schulleistung und Leistungsschule. Bad Heilbrunn 1973. • Zur Leistungsproblematik in der Grundschule. In: Schnitzer, A. (Hg.): Schwerpunkt Leistung in der Schule. München 1981.
MARTIN, L.R.	Beraten und Beurteilen in der Schule. München 1980.
MEISTER, H.	Förderung schulischer Lernmotivation. Düsseldorf 1977.
MOLLENHAUER, K.	Erziehung und Emanzipation. München 1968.

OFFE, C.	Leistungsprinzip und industrielle Arbeit. Frankfurt/M. 1970.
ORTH, B.	Einführung in die Theorie des Messens. Stuttgart 1974.
OWCZARSKI, R.	Bewertung mündlicher Leistungen im Fach Deutsch. In: NLI-Berichte Nr. 43, hg. vom Niedersächsischen Landesinstitut für Lehrerfortbildung, Lehrerweiterbildung und Unterrichtsforschung: Mündliche Leistungen und ihre Bewertung in der Realschule. Hildesheim 1991.
PETILLON, H.	Der unbeliebte Schüler. Braunschweig 1978.
PICHT, G.	Die deutsche Bildungskatastrophe. Olten-Freiburg 1964.
PÖGGELER, F.	"Erziehung nach Auschwitz" als Fundamentalprinzip jeder künftigen Pädagogik. In: Paffrath, F.H. (Hg.): Kritische Theorie und Pädagogik der Gegenwart. Weinheim 1987, S. 54-68.
PRENZEL, M./ SCHIEFELE, H.	Leistungsmotivation in der Schule? In: Pädagogische Welt, 35, 1981, S. 485 ff.
PRINZ VON HOHENZOLLERN, J.G./ LIEDTKE, M. (Hg.)	Schülerbeurteilungen und Schulzeugnisse. Bad Heilbrunn 1991.
RAPP, G.	Messung und Evaluierung von Lernergebnissen in der Schule. Bad Heilbrunn 1975.
ROBINSOHN, S.B. (Hg.)	Schulreform im gesellschaftlichen Prozeß. Stuttgart 1970.
ROLFF, H.-G.	Sozialisation und Auslese durch die Schule. Heidelberg ^{9}1980.
ROSEMANN, H.	Arbeitshefte für Psychologie, Band 14: Schülerbeurteilung. Berlin 1975.

ROTH, H. (Hg.)	Begabung und Lernen. Deutscher Bildungsrat. Gutachten und Studien der Bildungskommission, Stuttgart 1969.
SANDER, Th./ROLFF, G./ WINKLER, G.	Die demokratische Leistungsschule. Hannover 1967.
SCHEIBER, B.	Leistungsfeststellung und Leistungsbeurteilung in der Schule. In: Olechowski, R./Rieder, K. (Hg.): Motivieren ohne Noten. Wien/München 1990.
SCHIEFELE, H. u.a.	"Interesse" als Ziel und Weg der Erziehung. In: Zs. für Pädagogik, 25, 1979, S. 1 ff.
SCHITTKO, K./MÜLLER-ROTHGENGER, H.	Zum gegenwärtigen Stand und zur weiteren Entwicklung der Gesamtschule in Niedersachsen. In: SVBL für Niedersachsen 9/1991.
SCHLEE, J./WAHL, D. (Hg.)	Veränderung subjektiver Theorien von Lehrern. Oldenburg 1987.
SCHLÖMERKEMPER, J.	Bildung für alle. Über das Verhältnis von Egalität und Bildung. In: Die Deutsche Schule, 78, 1986, 4, S. 405-416.
SCHMID, R.	Intelligenzforschung und pädagogische Praxis. Frankfurt/M. 1978.
SCHMID, R./WACKER, A.	Begabung und Intelligenz in Pädagogik und Psychologie. Darstellung und Analyse der Problemstellungen seit 1945. In: Schmid, R.: Intelligenzforschung und pädagogische Praxis. Frankfurt/M. 1978.
SCHREINER, G.	Gegen eine verdinglichende Leistungsbeurteilung. In: Westermanns Pädagogische Beiträge 24 (1972), S. 155 ff.
SCHRÖDER, H.	Leistung in der Schule. Begründung, Forderung, Beurteilung. München 1990.

SCHWARZER, C./ LANGE, B. — Implizite Unterrichtstheorie von Lehrern. In: Bolscho, D./Schwarzer, C. (Hg.): Beurteilen in der Grundschule. München 1979.

SCHWARZER, C. — Die Bedeutung informeller Tests für die Lösung von Beurteilungsproblemen. In: Kleber, E.W. u.a. (Hg.): Beurteilung und Beurteilungsprobleme. Weinheim/Basel 1976.

SCHWARZER, R. — Die Bedeutung von lernzielorientierten Tests für die Lösung von Beurteilungsproblemen. In: Kleber, E.W. u.a. (Hg.): Beurteilung und Beurteilungsprobleme. Eine Einführung in Beurteilungs- und Bewertungsfragen in der Schule. Weinheim/Basel 1976.

SINGER, K. — Gefühle der Schüler - Grundbedingung der Schulleistung. In: Schnitzer, A. (Hg.): Schwerpunkt: Leistung in der Schule, 1981.

STEPHAN, E. — Leistungsmessung und Leistungsbeurteilung im Überblick. In: Stephan, E./Schmidt, W. (Hg.): Messen und Beurteilungen und Schülerleistungen. München 1978.

STEINKAMP, G. — Lehrer voller Vorurteile? Soziologische Analyse der Schülerbeurteilung in der Volksschule. In: Hielscher, M. (Hg.): Die Schule als Ort sozialer Selektion. Heidelberg 1972.

STELTMANN, K. — Einstellungen zur Zensurengebung. Universität Bonn 1977.

TILLMANN, K.-J. u.a. — Entwürfe einer Theorie der Schule. Hagen 1989.

Tübinger Erklärung zu den Thesen des Bonner Forums "Mut zur Erziehung". — In: Zs. für Pädagogik, 24, 1978, S. 235

ULICH, D./MERTENS, W. — Urteile über Schüler - Zur Sozialpsychologie pädagogischer Diagnostik. Weinheim/Basel 1973.

ULLRICH, H./ WÖBCKE, M.	Notenelend in der Grundschule. München 1981.
VÖLKER, J.	Der diagnostische Wert der konventionellen Leistungsfeststellungen in der Schule und die Beurteilung von Noten für die Förderung von Lernprozessen. Göppingen 1974.
WEISS, R.	• Die Berechnung einer Schulleistungszahl. In: Schule und Psychologie, 1964, 11, S. 114 ff. • Zensur und Zeugnis. Linz 1965. • Vor- und Nachteile der Leistungsbeurteilung durch Ziffernnoten. In: Schule und Psychologie, 1969, 16.
WENDELER, J.	Lernzieltests im Unterricht. Weinheim 1981.
WIDMER, K.	Pädagogische Aspekte der Leistung. In: Die Deutsche Schule, 67, 1975, S. 604 ff.
WIECZERKOWSKI, W./ KESSLER, G.	Über den Einfluß der Leistungserwartungen auf die Bewertung von Schüleraufsätzen. In: S.u. Psych. 17, 1970, S. 240 ff.
WOLF, B.	Untersuchungen zur Struktur und prognostischen Validität verschiedener Gruppenintelligenztests für die Grundschule. In: Ingenkamp, K. (Hg.): Wert und Wirkung von Beurteilungsverfahren. Weinheim 1980.
ZIEGENSPECK, J.	Zensur und Zeugnis - ein Mängelbericht. In: Bolscho, D./Schwarzer, C. (Hg.): Beurteilen in der Grundschule. München 1979.
ZIELINSKI, W.	Die Beurteilung von Schülerleistungen. In: Weinert, F. u.a. (Hg.): Funkkolleg Pädagogische Psychologie, Band 2. Frankfurt/M. 1974 und ^{2}1975.
ZILLIG, M.	Einstellung und Aussage. In: Zs. für Psychologie, 106, 1928, S. 58 ff.